Zwischen Angst und Sicherheit

ECON Lebenshorizonte

Margrit Erni

Zwischen Angst und Sicherheit

Psychologie des
inneren Gleichgewichts

ETB
ECON Taschenbuch Verlag

Die Abbildungen 1 und 3 sind dem Buch G. Hennenhofer /
K. D. Heil, Angst überwinden, Stuttgart 1973, mit freundlicher Genehmigung der Deutschen Verlags-Anstalt GmbH entnommen.

CIP-Titelaufnahme der Deutschen Bibliothek

Erni, Margrit:
Zwischen Angst und Sicherheit: Psychologie des inneren
Gleichgewichts / Margrit Erni. – Düsseldorf: ECON-
Taschenbuch-Verl., 1989
(ETB; 23018: ECON-Lebenshorizonte)
ISBN 3-612-23018-2
NE: GT

Lizenzausgabe

© ECON Taschenbuch Verlag GmbH, Düsseldorf mit Genehmigung der
Walter-Verlags AG, Olten
September 1989
© 1982 by Walter-Verlag AG, Olten
Umschlaggestaltung: Ludwig Kaiser
Druck und Bindearbeiten: Ebner Ulm
Printed in Germany
ISBN 3-612-23018-2

Denen, die eigene und fremde Angst
wahr-nehmen.

Inhalt

1. Angst gehört zum Leben

Angst ist kein Randproblem. Für niemanden. Sie ist uns gegeben als Herausforderung.
Sie taucht auf in Lebenssituationen, die uns zunächst als Gefahr erscheinen; anderseits bieten sich in ihnen auch Chancen an. So trägt die Angst oft ein *Doppelgesicht.*

– Neues, Ungewohntes, Fremdes macht uns Angst; es weckt aber auch Neugierde, Abenteuerlust, Forscherdrang.
– Sich exponieren schließt die Angst vor der Blamage mit ein, wir könnten versagen, enttäuschen, durch Ablehnung frustriert werden und uns lächerlich machen; daneben besteht aber auch die Möglichkeit, etwas, was uns wichtig ist, zur Geltung zu bringen.
– Alleinsein kann uns ängstigen als Verlassenheit und Verlorensein; anderseits gewährt es uns auch die Chance der Unabhängigkeit, der Freiheit und Autonomie.
– Spontansein gefährdet die Kontrolle über sich, die Selbstbeherrschung, das normgerechte Verhalten, man fällt vielleicht aus dem Rahmen; dagegen gelingt oft gerade dadurch eine neue, ja echte Form der Begegnung. Plötzlich zeigen sich neue Seiten, man spürt die Frische von etwas Originellem (origo heißt ja Ursprung!).
– Sterben macht uns Angst, bedeutet Verlust, Ende

schlechthin; Sterben heißt aber auch, sich fallen lassen dürfen, die Lebenslast ein für allemal ablegen, in das Unendliche eingehen dürfen.

Diese Ambivalenz der Angst legt es uns nahe, daß wir eines *Lernprozesses* bedürfen, um einigermaßen realitätsgerecht mit ihr umzugehen.
Angst wird oft nur als etwas Negatives bewertet, während man die Sicherheit glorifiziert. So heißt es etwa:

– Angst ist ein Zeichen der *Schwäche;* sie erniedrigt den Menschen durch die Konfrontation mit der eigenen Begrenztheit. Wer kann es schon zulassen, die eigene Größenvorstellung gefährdet zu sehen? Müßte er sich nicht vor sich selbst schämen?
– Angst verrät uns an die anderen, sie ist Zeichen des *Ausgeliefertseins.* Lädt sie nicht ein, die Schwäche auszunützen? Könnten wir in der Angstsituation nicht in die Rolle der Marionette geschoben werden, starr, passiv, während andere an den Drähten ziehen? Wenn man um unsere Angst weiß, werden wir dann nicht verachtet oder mindestens nicht mehr so ernst genommen?
– Angst ist ein Zeichen der *Untüchtigkeit,* meinen wieder andere, der Clevere findet in jeder Schwierigkeit rasch eine brauchbare Lösung. Wer Bedenken anmeldet, riskiert als Spielverderber, als ängstlicher Zauderer qualifiziert zu werden. Bei unserem heutigen Leistungstempo braucht es Mut, sich genügend Zeit zu nehmen, seriöse Grundlagen zu erarbeiten.
– Angst ist eine *Störung,* daher lästig für den einzelnen

und für die Gemeinschaft. Sie bedroht unseren Wunsch nach Sicherheit, nimmt uns das Gleichgewicht, die Ruhe. Auch wirkt Angst ansteckend auf andere: die Störung vervielfacht sich.

Die Konsequenz, die sich uns aufdrängt: Es ist nichts als anständig, die eigene Angst zu verbergen. Die Rücksicht verlangt es, vielleicht auch die Klugheit und der Stolz.
Mit etwas Selbstkontrolle läßt sich Angst dominieren: Sei ein Mann, sei eine erwachsene Frau und «stelle deinen Mann»! Laß dir nichts anmerken, dann bist du nicht angreifbar.
Denke nicht so viel, nimm nicht alles so tragisch! Laß doch dem Leben seinen Lauf! Es kommt ohnehin anders, als man denkt. Gib es doch zu: die meiste Angst ist total überflüssig! Bloß eine Falle, die du dir selber stellst. Nimm das Leben neutraler, dann bist du nicht so verwundbar.

Und doch gehört Angst zum Leben:
1. Angst ist eine *Alltagserfahrung,* in der Banales und Wichtiges sich mischen. Sie begleitet uns täglich.
Ob wir wohl rechtzeitig erwachen werden? Wir stellen den Wecker, sicherheitshalber benutzen manche für wichtige Termine zusätzlich noch den automatischen Telefondienst. Die unangenehme Sitzung vom Vormittag macht den Vater wortkarg beim Frühstück. Hoffentlich hat der Bus keine Verspätung! Wie werden sich die Kollegen verhalten? Werde ich mich dem Chef gegenüber behaupten können, wird man meine Argu-

mente ernst nehmen? Und wie steht es mit der wirtschaftlichen Lage unseres Betriebes? Werden wir die momentane Krise bewältigen können?

Die Mutter sorgt sich indessen darum, die Kinder rechtzeitig zur Schule zu schicken. Paul wird wohl wieder sein Heft vergessen haben! Wie schaffe ich es nur, ihn endlich etwas zur Zuverlässigkeit zu führen? Ich bin wohl eine unfähige Erzieherin. – Wie komme ich mit dem Haushaltungsgeld durch bei den ständig steigenden Preisen? – Ob man mich für den zweijährigen Ausbildungskurs akzeptieren wird? Ich bin doch schon 41 Jahre alt.

Solche Erwartungsspannungen begegnen uns täglich. In der Phantasie können wir die noch unsichere Zukunft vorausnehmen. Ob es bei vernünftiger Sorge und Umsicht bleiben oder ob fast jede Situation dramatisiert wird, hängt zu einem Teil von unserer Einstellung zur Wirklichkeit ab.

Ängste erleben wir auch in den *Träumen:* Fallen, Stürzen, Verfolgt-, Getötetwerden oder Selbst-Töten, Wichtiges verlieren, Zuspätkommen, Prüfungen nicht bestehen, Alleingelassen- oder Bedrängtwerden. Die Themen sind unerschöpflich. Mit dem Sinn der Angstträume werden wir uns später noch eingehender befassen.

2. Nicht nur die kleinen Etappen des Alltags, auch der ganze *Lebensbogen* ist von Ängsten begleitet.

Der Geburtsvorgang brachte zum erstenmal das Erlebnis des Bedrohtseins; das Fruchtwasser floß ab, es folgte Druck, Einengung und Ausgestoßenwerden in eine

Welt mit unbekannten Einwirkungen: andere Temperatur, Lichtreize, Abnabelung und zum erstenmal selbst atmen müssen. Ein Vertreter der Freudschen Schule (Otto Rank) spricht vom Geburtsschock und glaubte in ihm das Urmodell für alle weiteren Ängste gefunden zu haben: Verlust der Urgeborgenheit im Mutterschoß, plötzliche neue Reize von ungewohnter Intensität, momentaner Schrecken, bevor der erste Atemzug gelingt, Gefühl des Ausgeliefertseins. Angst wurde seit jeher mit angustiae = Enge in Zusammenhang gebracht; mittelhochdeutsch hieß die Angst «die engste».

Engpässe sind das ganze Leben hindurch zu bewältigen. Entwicklung wird oft symbolisiert mit Wiedergeburt, hinein in ein neues Stadium. Altes, Gewohntes verlassen bedeutet stets, Unsicherheit in Kauf nehmen. Nicht jedem gelingt es, eine «Angstlust» abzuleiten, wie Balint (Angstlust und Regression, Stuttgart 1960) diese Haltung des Risikofreudigen beschrieben hat. Der Philobat liebt den Nervenkitzel des Wagnisses (analog zu Akrobat bildete Balint diesen Ausdruck), er setzt sich willentlich der Gefahr aus in gewagten Bergtouren, rasanten Autofahrten, Deltasegelfliegen, Reisen in unbekannte Länder, meist allein, z.B. im Kontiki über den Ozean – um dann wieder nach durchgestandener Furcht in die Sicherheit zurückzukehren. Sein Gegenpol, der Oknophile (okneo = sich scheuen, zögern, sich anklammern), verzichtet auf diesen Reizgenuß; er zieht die Sicherheit vor, liebt das Bewahren und traut sich kaum etwas Ungewohntes zu. Er lebt solide – aber daher oft mehr am Rande des Lebens. In welchem Stil jemand auch gelebt haben mag, ein jeder wird eines Tages mit dem Tod konfrontiert werden, wo es ein letztesmal gilt, sich der Angst zu stellen.

3. Die *Kulturgeschichte* zeigt, daß Angst und Suche nach Sicherheit immer erlebt wurden. Die Angstobjekte wechselten und auch die Formen der Angstbewältigung. Je mehr der Mensch an Selbstbewußtsein gewann, desto größere Risiken wagte er einzugehen.

In den *magischen Frühkulturen* fühlte man sich der übermächtigen Natur ausgeliefert. Blitz und Donner, Sonnen- und Mondfinsternis, Dürre und Wasserüberflutungen wurden als Manifestationen des Göttlichen gedeutet: man erlebte metaphysische Ängste, nicht nur vordergründige Furcht. Krankheiten schrieb man bösen Dämonen zu, Tänze und Bannsprüche sollten sie austreiben. Strenge Tabuvorschriften (tabu = das mit Macht Geladene) schufen daneben angstfreie Zonen. Wer gewisse Pflanzen nicht aß, gewisse Tiere nicht jagte, Berührungen vermied, gewisse Orte nicht betrat, verletzte die Weltordnung nicht. Der Talisman am Hals schützte vor gefährlichen Mächten. Zudem fühlte man sich noch nicht als einzelner dem Leben preisgegeben, man war Glied eines Clans, einer Großfamilie.

In den *religiösen Hochkulturen* suchte man nach dem einen Göttlichen hinter allen Dingen. Das Schicksal galt als heilig. Gemeinschaftliche Kulte, persönliche Opfer, Gebet und Meditation waren Wege, mit dem Heiligen in Kontakt zu treten, der Dankbarkeit wie der Angst und der Bitte um Hilfe Ausdruck zu geben. Äußere Ängste wie Seuchen, Hungersnöte, Kriege ängstigten wohl die Menschen; aber sie fühlten sich trotzdem nicht alleingelassen, weder im Leben noch im Sterben. – Das Christentum brachte die Botschaft der Erlösung und gleichzeitig den verbindlichen Auftrag, die Welt zu gestalten, einem jeden die Personwürde zuzuerkennen, sich als Kinder des einen Vaters zu lieben.

Der *moderne Mensch* blickt manchmal voll Trauer auf die urchristliche Hoffnungszeit zurück. Leider bezog die Religion bald allzu viele Anleihen bei der griechischen Philosophie und dem römischen Rechtsstaat. Mancher Mensch meint heute in seiner Angst, nur noch eine verdünnte Religion vorzufinden, eine bloße Weltanschauung, Lehrmeinungen und Gesetze; andere finden durch Meditation oder durch soziales Engagement einen neuen Zugang.

Die Wissenschaft offeriert neue Möglichkeiten. Die Überfülle der Freiheit und die daraus entspringende Leere machen jedoch Angst. Die Technik ist aus ihrer anfänglich dienstbaren Rolle ausgestiegen. Wir ängstigen uns vor ihren zerstörerischen Eigengesetzlichkeiten. Verwüstung der Erde durch rücksichtslose Ausbeutung der Natur, Umweltverschmutzung, atomares Wettrüsten der Supermächte, Terroranschläge, Automatisation mit zunehmender Arbeitslosigkeit.

Die äußeren Ängste haben ein weltweites Maß angenommen; mit den innern Ängsten muß der einzelne vielfach allein fertig werden. Suizide und Süchte nehmen jährlich zu; daneben gibt es aber auch Menschen, die wach geworden sind. Sie spüren eine neue Verantwortung und wagen den Kampf im sozialen und kulturellen Bereich. Manche versuchen die moderne Entfremdung durch mehr Naturnähe zu überwinden.

4. Angst wird vom Menschen in allen Schichten seiner Person erlebt, sie drückt sich auch im *Körper* aus; dadurch läßt sich seine Angst mit der des *Tieres* vergleichen. Manche Gefahrensituationen nehmen einige Tiere schon wahr, bevor der Mensch samt seinen technischen Warninstrumenten nur das geringste Signal spürt. Vor Erdbebenkatastrophen, Vulkanausbrüchen waren vorher keine Fische mehr zu entdecken; sie waren zu Abertausenden in gesicherte Distanz geflüchtet. Gewisse Hunde verfügen über ein hochentwickeltes Sensorium. Wenn die Pest nahte, so berichten alte Chroniken, verließen die Ratten die Städte. Durch Instinkte, Schutz- und Abwehrmechanismen scheinen Tiere in mancher Hinsicht besser ausgerüstet zu sein als der Mensch.

Angstsituationen können zwar auch durch Kurzschaltung im Rückenmark bereits Schutzreflexe auslösen, bevor der Mensch über das Gehirn davon Kenntnis nimmt. So zucken wir vor der heißen Herdplatte zurück und registrieren erst nachträglich: Hitze! Gefahr! Oder im letzten Moment retten wir uns mit einem Schritt nach rückwärts vor dem Sturz in die Tiefe.

Eine plötzlich eintretende Gefahr löst auch bei uns Menschen oft ähnliche Reaktionen aus wie bei Tieren.

Der Bewegungssturm treibt ein Tier an, umherzurennen – ein Löwe nach der Gefangennahme – oder umherzuflattern – ein Vogel, der sich in ein Zimmer verirrt hat, die Fliege im Lampenglas; vielleicht wird so doch noch ein Ausweg gefunden.

Im *Todstellreflex* erstarren manche Tiere, z. B. Käfer, Amphibien; sie werden so nicht mehr als lebendige Gegner, als interessante Beute wahrgenommen. Man kann sie kaum mehr von ihrer Umgebung unterscheiden.

Dieses «Ich existiere ja gar nicht» kann auch eine menschliche Angstabwehrform sein: Wir verstummen plötzlich, wir fühlen uns wie gelähmt, gebannt, wir bringen keinen Ton mehr heraus. Wir halten den Atem an, das Herz scheint stille zu stehen, der Mund wird trocken. Im Extremfall kann Herztod eintreten. Am bekanntesten dürfte der Tabu-Tod sein: In magischen Kulturen stirbt mancher aus Schuldangst, weil er ein Tabu-Gebot mißachtet hat. – Im normalen Alltag des modernen Menschen zeigt sich der Todstellreflex am meisten in Form der Scheu, des Gehemmtseins, des überleisen Sprechens, der verkrampften Haltung, in einer bloß oberflächlichen Atmung.

Angstabwehr ähnlich dem Bewegungssturm erleben wir Menschen als ein zwangshaftes Getriebensein: nirgends finden wir Ruhe, fangen an x Orten mit einer Arbeit an, verlegen dabei unsere Sachen, kommen uns selbst vor wie ein Tier im Käfig, aus dem wir uns befreien möchten. Je nach Temperament beginnen die Arme zu fuchteln, die Füße zu stampfen, es zuckt nervös im Gesicht, die Stimme wird erhoben, wir beginnen zu lärmen, zu schreien, demonstrieren Stärke, versuchen es mit Imponiergehaben: Jetzt erst recht!

Imponiergehabe und *Demutshaltung* in Angstsituationen weisen auch im Tierreich den Individuen die momentane oder bleibende Rolle zu, je nach Platz in der Hackordnung. So spielt auch beim Menschen der soziale Status mit hinein, ob man mehr zur *aktiven* oder *passiven Angstbewältigung* neigt. Nicht jeder kann sich in derselben Situation das gleiche leisten. Selbst wenn die soziale Umwelt es akzeptierte, der eigene Körper würde rebellieren, wenn wir uns zu ich-fremdem Verhalten zwingen möchten: Wir beginnen zu zittern, ungewöhnlicher Schweißausbruch tritt ein, Magen- oder Darmschwierigkeiten zwingen uns, das Kampffeld zu verlassen.

Jackson, ein Zeitgenosse Darwins, ging bereits der Frage nach, welche Angstformen in der Evolution zuerst vorhanden gewesen seien. In seiner Hirnhierarchie kam er kurz gerafft zum Ergebnis: Je undifferenzierter das Nervensystem eines Lebewesens, desto geringer auch sein Bewußtsein; je eingeengter und spezialisierter die Wahrnehmung der Gefahr, desto festgelegter ist der Schutzmechanismus bei der Angstabwehr.

Der Mensch hingegen verfügt über eine breite Palette von Angstwahrnehmungen und Angstreaktionen. Er kennt nicht nur die Angst als Furcht vor momentaner Gefahr; er weiß als einziges Lebewesen, daß er eines Tages sterben muß. Die Todesangst als Urangst des bewußten Lebendigen kann jederzeit an ihn herantreten; sie versteckt sich hinter großen und kleinen Lebensängsten.

Die Angst versetzt den *Körper* in maximale *Alarmbereitschaft* (s. Abb. 1). Das Großhirn als das jüngste Organ in der Evolutionskette nimmt durch die Sinnesorgane (1)

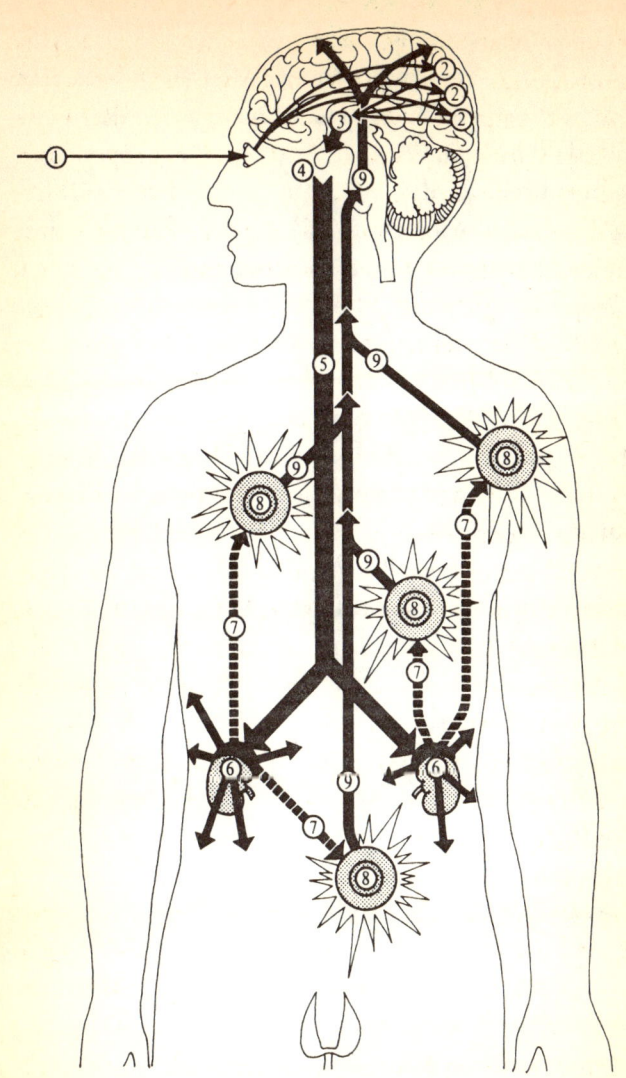

Abb. 1
Alarmwirkung der Angst im Körper

19

einen äußeren Reiz als Gefahr (2) wahr; es leitet die Emotion über das Zwischenhirn, den Hypothalamus (3), an die Gehirnanhangdrüse (Hypophyse, 4), die ihrerseits das Hormon ACTH (Adrenocorticotropes Hormon, 5) direkt in die Blutbahn ausschüttet. Dadurch wird die Nebennierenrinde (6) gereizt, die nun selbst mit der Ausschüttung von Hormonen (7), besonders von Adrenalin, beginnt. So wird der ganze Organismus (8) mit seinen wichtigsten Organen in Hochspannung versetzt; gleichzeitig ist über den Hypothalamus auch das vegetative Nervensystem aktiviert worden. Dieser Zustand höchster Alarmbereitschaft im ganzen Körper wird an das Stammhirn gemeldet. Dort befindet sich die retikuläre Formation (9, reticularis = netzartig), ein Netzwerk von Nervenfasern als Grundlage für Meldekreise und Rückkoppelungen. Von dort aus wird das Großhirn noch vermehrt angefeuert: der Mensch wird noch aufmerksamer, wacher, er nimmt jetzt besonders scharf wahr. Eine optimale Auseinandersetzung mit der Gefahr ist jetzt möglich: Denken und Handeln können einsetzen, die Motorik wird bestmöglich aktiviert.

5. Angst tritt in *verschiedenen Formen und Graden* auf.
Die gesunde *Realangst* erfüllt eine wichtige Funktion: Sie signalisiert uns Gefahren und stellt durch physiologische Vorgänge Energien bereit, eine schwierige Situation zu meistern. Oft wird in diesem Fall auch von Furcht gesprochen: wir kennen den Grund unserer Angst – oder es ist uns möglich, danach zu suchen.
Gesunde Angst steigert unsere Reaktionsbereitschaft,

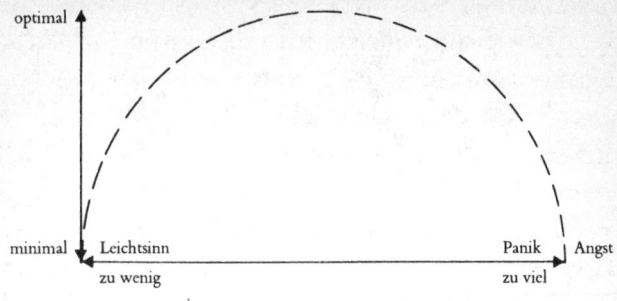

Abb. 2
Leistungskurve und Angst

macht uns vorsichtiger und umsichtiger. Wer zu wenig
Angst empfindet, kann in Leichtsinn oder Kaltblütig-
keit sein Leben oder sein Glück gefährden. Wir brauchen ein gewisses Maß von Angst, von Spannung, um
kritische Situationen meistern zu können. So schützt die
gesunde Angst unser Leben, weil sie zum Einsatz an-
treibt.
Erst im Übermaß wird Angst zum destruktiven Erlebnis. In der Panik kommt es nicht nur zu sinnlosen, sondern auch zu zerstörerischen Reaktionen (s. Abb. 2).
Herr J. ist ein zuverlässiger Jurist. Nur legt er gewisse
Fälle fast gewohnheitsmäßig in die Schublade. Es kommen Nachfragen, Telefonanrufe, Mahnungen; schließlich wird die Sache unaufschiebbar. Wegen Zeitmangel
fehlt es an genügenden Informationen; der Entschei-
dungsdruck ist jetzt aber da. Nun bricht bei Herrn J.

Panik aus. Er weiß wohl um einzelne Details, die er sich in der Hast beschaffte, aber es gelingt ihm nicht, in Ruhe Übersicht und Klarheit zu gewinnen. Die *Anfangsangst* hatte er verleugnet, sich selbst beschwichtigt, es werde sich dann schon irgendwie regeln lassen. Jetzt überfällt ihn die *aufgestaute Angst*. Er ist diesem Angststurm nicht gewachsen. Sein Sekretariat wird nun mit Vorwürfen überschüttet. Überstunden werden erzwungen, auch die Familie zuhause muß seine schlechte Laune mit all ihren Auswirkungen ertragen. Die Ehekrise führte schließlich in die Beratung.

Wir Menschen können Panik provozieren durch falschen Umgang mit der Angst. Verleugnete Wirklichkeit rächt sich an uns. Tiere sind durch ihre Instinkte geleitet, sich realitätsangepaßt zu verhalten. Wir hingegen können unsere Freiheit mißachten.

Wer die Angst als Signal überhört, muß damit rechnen, eines Tages von *irrationalen Ängsten* überfallen zu werden. Diese unerklärlichen Ängste können *anfallsartig* den Menschen überwältigen. Dazu zwei Beispiele aus der Praxis:

Täglich seit zwei Jahren ist der Lehrling Urs mit der Straßenbahn von zuhause zum Betrieb gefahren. Heute mag er nicht Zeitung lesen, er spürt nur eine bleierne Müdigkeit. Wie ist die Luft stickig! Die vielen Leute wirken erdrückend, das Rattern der Tram ist unerträglich. Eine unsägliche Beklemmung packt den jungen Mann, er glaubt zu ersticken. Drei Stationen vor seinem Ziel steigt er aus, bleich und mit schlotternden Knien.

Frau A., Arbeiterin in einer Konservenfabrik, besorgt

neben ihrer beruflichen Arbeit noch den vollen Haushalt mit drei schulpflichtigen Kindern, ihr Mann arbeitet als Vertreter auswärts; zudem hatte sie bis vor kurzem noch die verstorbene Schwiegermutter gepflegt. Wie sie die Kellertreppe hinaufsteigt, verfängt sie sich in den herabhängenden Schnüren ihres halboffenen Paketes. Wie ein Blitzstrahl durchzuckt sie der Schrecken: Die tote Großmutter hat mich gepackt! Nie mehr gehe ich in den Keller hinunter!

Der Lehrling Urs, gequält von Konzentrationsschwierigkeiten bei der Arbeit und von Angst, doch wieder die Straßenbahn benützen zu müssen, meldete sich schließlich beim Lehrmeister. In der analytischen Beratung, auf die er verwiesen wurde, ging man auf die Suche nach dem hintergründigen Angstmacher: Urs hatte von seiner Freundin den Abschied bekommen und litt nun seit Wochen unter der Angst: Ich bin wohl kein normaler Mann, ich bin ein sexueller Versager! Zu niemandem sprach er davon; nach außen spielte er den Gleichmütigen, der sich durch eine Enttäuschung doch nicht erschüttern läßt. Nach Bearbeitung der ursächlichen Angst fiel die Vordergrund-Angst rasch weg.

Anders verlief die Auseinandersetzung bei Frau A. Sie wagte sich niemandem anzuvertrauen. In Zukunft schickte sie die Kinder in den Keller. Daß es aber für sie diesen unheimlichen Keller gab, überschattete ihr ganzes Leben: Sie wurde depressiv, traute sich nur noch wenig zu, die Familienatmosphäre wurde bedrückend für alle. Sie kam sich darum schuldig vor. Ein Suizidversuch brachte sie in die Klinik. Die anschließende Therapie entlarvte allmählich die Kellerangst als Aggression gegenüber einer Situation von totaler Überforderung.

So zwingen Angstsignale, seien sie phobisch verkleidet oder offen erfahrbar, das Lebenskonzept neu zu überdenken, andere Maßstäbe zu suchen; damit stellt sich die Angst in den Dienst des Lebens.

Akute Ängste werden leichter wahrgenommen; *chronische Ängstlichkeiten* hingegen erleiden manche Menschen wie ein unabwendbares Schicksal. Eine hohe Sensibilität nimmt quantitativ und qualitativ großen Problemstoff wahr, überall werden Gefahren gewittert. Der hypochondrische Mensch zum Beispiel fühlt sich ständig von Krankheiten bedroht. In Übervorsicht meidet er jede mögliche oder eingebildete Ansteckungsgefahr, legt sich vorsorglich diese und jene Diätvorschriften zurecht, ohne daß ihm ein Arzt aus sachlichen Gründen dies nahelegte. – Der Chronisch-Ängstliche verbreitet um sich ein Klima der Einengung. Seine Überfürsorge wirkt erstickend für ihn selbst und seine ganze Umgebung.

Leider wagen wir es zu wenig, das Problem Angst, das so hinter vielen Zwängen, hinter Überfürsorge wie hinter Mißtrauen und Vermeidung steckt, beim Namen zu nennen. Aus Angst vor der Angst verpassen wir manche Auseinandersetzung, die unser Leben im Endeffekt reicher und ehrlicher werden ließe.

2. Kind und Angst

Kinderängste gehen auch den Erwachsenen etwas an:
In den Kinderängsten klingen die großen Themen des
Lebens aus: zu jemandem gehören – allein gelassen werden; selbst jemand sein – andern sich ausgeliefert fühlen;
bergende Nähe – kalte Distanz; aktives Geben – passives
Nehmen; Macht – Ohnmacht; Geltung – Mißkennung;
Lebenssinn – Leere. Diese *Grunderfahrungen* prägen sich
tief ein: Sie haben die Tendenz, sich das ganze Leben
hindurch wie Leitmotive zu *wiederholen.*
Wohl wechseln die Objekte der Angst, auch Intensität
und Form der Wahrnehmung und Angstäußerung; gewisse Grundmuster hingegen bleiben. So lernt manche
Frau die *getarnten Ängste* ihres Mannes erst *wahrzuneh-
men und zu verstehen,* wenn sie in noch unverhüllter
Form die Ängste ihrer Kinder miterlebt. Auch eigene
Zwänge, Hemmungen können im Spiegelbild der kindlichen Angst plötzlich ihre Herkunft verraten.
– Ein Zweites: Das *Kind hat ein Anrecht* darauf, von der
Erwachsenenwelt mit Verständnis wahrgenommen zu
werden. Es ist in seiner Schwäche auf die Stärke anderer
angewiesen, kommt es doch in einem Zustand völliger
Hilflosigkeit zur Welt. Nach Portmann müßte die
Schwangerschaft 21 Monate dauern, damit das Men-
schenkind einen ähnlichen Reifegrad erreichte wie ein

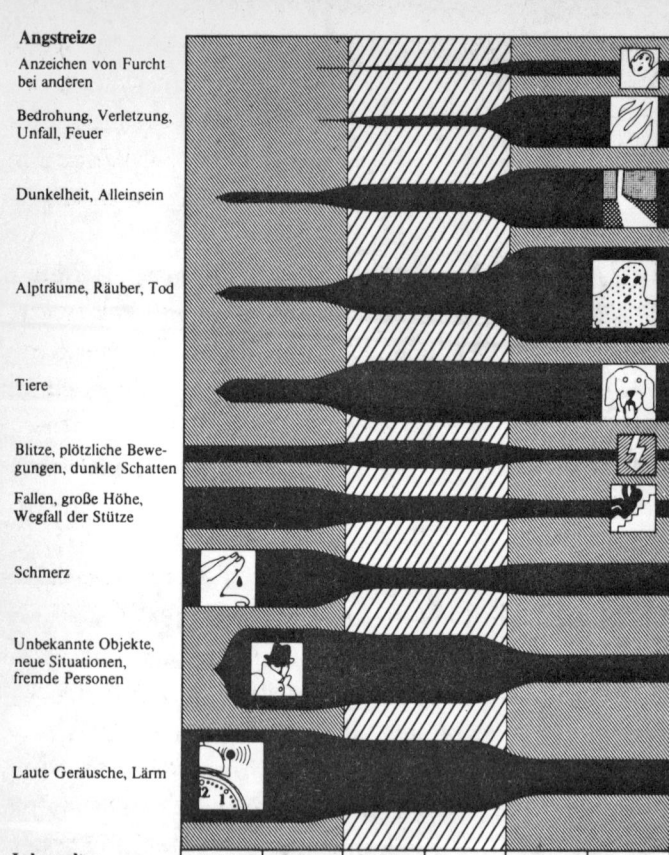

Angstreize

Anzeichen von Furcht bei anderen

Bedrohung, Verletzung, Unfall, Feuer

Dunkelheit, Alleinsein

Alpträume, Räuber, Tod

Tiere

Blitze, plötzliche Bewegungen, dunkle Schatten

Fallen, große Höhe, Wegfall der Stütze

Schmerz

Unbekannte Objekte, neue Situationen, fremde Personen

Laute Geräusche, Lärm

Lebensalter   1. Jahr   2. Jahr   3. Jahr   4. Jahr   5. Jahr   6. Jahr

Das Bild zeigt die Entwicklung verschiedener Kinderängste. Die Breite der von links nach rechts verlaufenden Bahnen zeigt, welche Bedeutung die einzelnen furchtauslösenden Objekte und Situationen in unterschiedlichen Altersstufen (0 bis 2, 2 bis 4 und 4 bis 6 Jahre) haben. Manche Ängste gehen mit zunehmendem Alter zurück, andere wieder müssen erst »reifen« und treten später in Erscheinung. *(Nach J. A. Gray)*

Abb. 3
Entwicklung der Kinderängste

Säugetierkind bei seiner Geburt. Je jünger das Kind, desto mehr ist es der Atmosphäre seiner Umwelt ausgeliefert. – Auch beste Eltern und Erzieher können ihm Ängste nicht ersparen, das wäre Utopie. Sie können es aber lehren, einigermaßen richtig mit Ängsten umzugehen. Das setzt Einfühlung voraus.

Kinderängste machen *verschiedene Stadien* durch. Manche Ängste sind *angeboren*, vergrößern oder verkleinern sich je nach den Erfahrungen des Kindes. Manche verlieren sich im Laufe der Entwicklung von selbst, andere treten erst von einem gewissen Stadium der Reife her auf; sie werden oft als *Entwicklungsängste* bezeichnet (s. Abb. 3).

Unnötige und krank machende Ängste sind häufig *angelernt;* der Lernprozeß vollzieht sich meist ungewollt. Manche Eltern geben sich nicht Rechenschaft, daß sie ihr Kind durch ungeschicktes Verhalten verängstigen. Manches, was für Erwachsene oder größere Kinder amüsant sein mag, zum Beispiel ein automatisch sich bewegendes Spielzeugtierchen, kann für einen Säugling ein Schreckgespenst darstellen. Kleinkinder sollten nicht mit Reizen überstimuliert werden, die sie noch keineswegs verarbeiten können. Sie haben Anrecht auf eine ruhige Lebensatmosphäre, auf ein Familienklima, das sie den Übergang von der Geborgenheit im Mutterschoß zum eigenen Leben, vorderhand in voller Abhängigkeit von der sozialen Umwelt, gut erfahren läßt.

Schon Watson entdeckte, daß Säuglinge auf laute Geräusche, Lärm, starken und plötzlichen Wechsel von Licht und Dunkelheit mit Furcht reagieren. Jede Art von Schmerz, Unwohlsein, Hilflosigkeit, weil zum Beispiel das Kissen weggerutscht ist oder weil der stützende Halt plötzlich wegfällt, löst im Kind den Schutzreflex des Schreiens und Weinens aus. In extrem starken Schockreaktionen kommt es zu Zusammenzucken, hilflosen Zappelbewegungen ähnlich dem Bewegungssturm der Tiere; der Todstellreflex ist bei Kleinkindern auch in Form der Erstarrung, ja sogar vorübergehender Bewußtlosigkeit festgestellt worden.

Je kleiner das Kind, desto totaler ist seine Angstreaktion. So gut wie es eine Infektionskrankheit noch nicht an einem bestimmten Organ lokalisieren kann, sondern mit einer allgemeinen Erkrankung reagiert, so wird es auch seelisch von einer Totalreaktion befallen, wenn seine Grundbedürfnisse nicht befriedigt werden. Werden Hunger und Durst nicht gestillt, gerät der Säugling in einen Verzweiflungszustand: Er schreit, zittert, schwitzt, läuft blau und rot an. Er weiß ja nicht, daß die Nahrung schon noch kommen wird, dazu fehlt es ihm an Erfahrung. Er verfügt noch nicht über ein Gedächtnis, aus dem er auch Hoffnung für eine nahe Zukunft ableiten könnte. In der *Verlassenheitsangst* existieren für das Kind keine Liebesobjekte mehr: die Mutter, die nicht da ist, existiert nicht. Es fühlt sich verloren, alleingelassen, ausgeliefert einem quälenden Triebbedürfnis.

Wie wichtig ein liebevolles und der Situation angepaßtes Genährtwerden ist, geht aus zahlreichen Erfahrungen und wissenschaftlichen Untersuchungen hervor. Es genügt nicht, das Kind bloß zu füttern, es braucht das liebevolle Gestilltwerden im möglichst nahen Hautkontakt mit der Mutter, wobei auch der Geruch- und Geschmacksinn mit eine Rolle spielen. Mutter und Nahrung gehen ineinander über in ein Gesamterlebnis der Geborgenheit. Mutter, lat. «mater», und «materia» zeigen dies deutlich in der gleichen Sprachwurzel.

Während die frühere Säuglingserziehung vor Verwöhnung warnte und anriet, einen streng normierten Eßplan einzuhalten, um sich ja keine kleinen Tyrannen zu erziehen, geht die moderne Erziehung andere Wege. Sie hat etwas von den primitiven Völkern gelernt: dort dürfen die Kinder Tag und Nacht bei ihren Müttern bleiben, ständig den Hautkontakt wahrnehmen, ihre Körperwärme spüren; sie werden gestillt, sobald sich der Hunger meldet.

Manche Geburtskliniken bemühen sich heute, Mutter und Kind nicht wie früher künstlich zu trennen, sie können sich im selben Raum erleben, viele Mütter tragen auch hierzulande ihr kleines Kind in der Tragschürze oder im Huckepack während der Hausarbeit herum. Auch Väter bemühen sich, Körpernähe spüren zu lassen im Tragen, Wickeln und Baden.

Einzelne angstmachende Erlebnisse werden durch Unachtsamkeit der Eltern oder Geschwister auf jeden Säugling zukommen; sie lösen jedoch keine Trauma aus, wenn das Kind sich grundlegend akzeptiert fühlen darf. Neben der notwendigen Triebbefriedigung sagt ihm der Ton, wie man zu ihm spricht, die Art, wie man es anfaßt und hinlegt, wie man ihm das Essen eingibt: Wir haben dich lieb, es ist schön, daß du lebst – oder aber: du bist uns eine Last, ich habe dich nicht gewollt. Ausge-

Abb. 4
Scenotest: Suizid des verstoßenen Kindes

sprochene und auch bloß empfundene Feindseligkeit
wird unbewußt vom Kind aufgenommen. In der Seelentiefe prägt sich die *Grundangst* ein: Ich sollte nicht leben. Ich bin *unerwünscht.*
Der 10jährige Hans stand unter diesem Diktat. Außer-
ehelich geboren, wegen moralisierender Großeltern in
verschiedene Heime abgeschoben, erlebte er augen-
scheinlich: Du solltest nicht existieren! Erst sechs Jahre
nach der Heirat seiner Mutter wurde er in die Familie
aufgenommen, mehr als Handlanger für den Stiefvater
denn als älterer Stiefsohn. In der gespannten Ehesitua-
tion mußte er den Vorwurf der Mutter hören: Wenn du
nicht gewesen wärest, hätte ich diesen Mann überhaupt
nie geheiratet! Hans flüchtete in den Suizid. Drei Wochen nach dem Klinikaufenthalt stellte er im Scenotest
(s. Abb. 4) folgendes dar: Mutter, Stiefvater und Stiefgeschwister sitzen zusammen im Garten; eine Mauer

trennt den Friedhof davon ab, Hans legt sich selbst ins offene Grab hinein. – Dieses Alarmzeichen war unüberhörbar. Mit Hilfe verschiedener Instanzen wurde es möglich, für Hans Pflegeeltern zu suchen. Er hat nicht nur überlebt, er ist heute ein glücklicher Berufsmann und Familienvater; eine gewisse Ängstlichkeit, seine Sache nicht gut genug machen zu können, ist ihm allerdings geblieben.

Nicht jeder hat ein so dramatisches Kindheitserlebnis hinter sich; mancher Mensch leidet aber ein Leben lang unter der Angst, nicht lebensberechtigt zu sein. In Gegensatz zu obiger Situation stehen oft überbehütete Kinder, die, durch allzu viele Schranken eingeengt, lebensunfähig geworden sind (s. Abb. 5).

Ein solches Lebensgrundgefühl vertieft sich auch durch häufige Erlebnisse des *Alleingelassenwerdens.* Säuglinge

Abb. 5
Scenotest: Überbehütetes Kind im Familienkäfig,
ausgeschlossen vom Kameradenkontakt

und noch mehr Kleinkinder können in Panikzustände geraten, wenn sie tagsüber oder erst recht nachts erwachen und niemand auf ihre Hilferufe antwortet.

Es gibt kein allgemeingültiges Rezept, von welchem Alter an Kinder alleingelassen werden dürfen, man kann höchstens auf einige Grundregeln hinweisen: Ein ruhiges Zubettgehen bereitet auch einen ruhigen Schlaf vor. Säuglinge dürfen nicht alleingelassen werden; denn es kann vorkommen, daß ausgerechnet dann, wenn die Eltern ausgehen, das Kind in eine beengende Lage rutscht, erbrechen muß und sich selbst nicht zu helfen vermag. Schlafmittel als Beruhigungsdroge zum voraus sind medizinisch und sozial nicht zu verantworten. Am schlimmsten wirkt sich das heimliche Davonschleichen der Eltern aus; das Kind fühlt sich betrogen. Dürften denn Eltern mit kleinen Kindern nie mehr allein ausgehen? – Nie, ohne es den Kindern vorher gesagt zu haben. Die Kinder müssen wissen, daß in ihrer Abwesenheit jemand da ist oder herbeigerufen werden kann. Manche fürchten sich überhaupt nicht, wenn sie in Vaters oder Mutters Bett schlafen dürfen. Auch Ersatzobjekte können eine Vermittlerfunktion ausüben: der Teddybär, den man von Vater geschenkt erhielt, ein molliges Häschen, mit dem die Mutter vor dem Weggehen noch besonders liebevoll geredet hat. Größere Kinder werden gefragt: «Glaubst du, daß du es allein schaffen kannst? Hier ist noch das Lämpchen.» Es tut ihnen wohl, wenn sie gönnerhaft die Erlaubnis erteilen dürfen.

Länger dauernde *Trennung* von Mutter und Kind wirkt

sich besonders im 2. und 3. Lebensjahr am nachhaltigsten aus. Kinder vermögen aber unbewußt zu spüren, ob eine harte Notwendigkeit wie Krankheit, Spitalaufenthalt oder besondere äußere Verhältnisse durch Tod oder andere Bedrängnisse in der Familie, oder ob ein elterlicher Egoismus, ein unreifes Sich-ausleben-Wollen auf Kosten der Kinder ihnen eine Trennung zumutet. Die entscheidende Grundfrage in dieser Situation lautet: Abgeschoben oder liebevoll versorgt, bis die Eltern wiederkommen?

Die Angst, die Mutter zu verlieren, ist Thema mancher klassischer Volksmärchen: Wenn die Geißenmutter weggeht, kommt der böse Wolf. Weggeschickt zu werden, ist noch schlimmer, dann begegnet man im Wald der bösen Hexe. Sie gilt tiefenpsychologisch als Symbol der aggressiven Seite der eigenen Mutter, die sich ihrer Kinder entledigt hat und sie in besitzgieriger Liebe doch auffressen möchte.

Eine Entwicklungsangst besonderer Art ist das *Fremden*. Um den 6. bis 8. Monat herum beginnen manche Kinder plötzlich zu schreien, wenn fremde Menschen oder selten gesehene Verwandte und Bekannte sich dem Bettchen oder dem Laufgitter nähern. Jetzt ist das Kind gedächtnismäßig fähig, das Bild der Eltern, Geschwister und nächster anderer Bezugspersonen von unbekannten Menschen zu unterscheiden. Fremdes macht Angst; darum wird man sich bemühen, das kleine Kind behutsam vertraut zu machen. Wie nebenbei redet man mit diesen «gefährlichen» fremden Wesen, die Neugierde des Kindes wird geweckt. Weil die Mutter auch dabei ist, wagt es allmählich einen Blick, ein Lächeln. Erfahrungen während Bombenangriffen im letzten Kriege zeigten, daß Kinder unter schwierigsten Umständen in total fremder Umgebung des Luftschutzkellers ruhig bleiben konnten, wenn die Mutter selbst innerlich gefaßt war. Überschwenglich küssende und umarmende Besucher hingegen werden auch in friedlicher und geschützter Umgebung für ein Kleinkind zum Ungeheuer.

Schon allerkleinste Kinder freuen sich am Guck-Guck-Spiel. Das Gesicht verschwindet und taucht wieder auf. Vergnügt lernen sie: Mutter oder Vater gehen weg und kommen wieder. Die Angst vor der Trennung wie die Angst vor noch unbekannten Menschen wird so spielerisch überwunden.

Das *Essen* wird für manches Kind zur Angstsituation, wenn überängstliche Mütter ihre Kinder zum Essen zwingen wollen. Die Furcht vor einer bestimmten Speise kann sich so verstärken, daß ein Ekelgefühl auch das übrige Essen verdirbt. Stets ausessen müssen, was unerbeten auf dem Teller liegt, wird für manches Kind zum Alptraum. Gehäufte Zwangserlebnisse dieser Art disponieren zur Anorexie, der Pubertätsmagersucht, in der die Rebellion gegen das frühere Essen-Müssen und die damit verbundene Vergewaltigung durch die Autorität in kranker Form durchbricht. Vertrauen wir doch etwas mehr der Natur, sie regelt beim Kind instinkthaft Vorliebe für gewisse Speisen und auch das Maß! Lassen wir die Kinder so früh wie möglich selber schöpfen, so lernen sie, sich selbst das Maß zu setzen und auch zu teilen.

Mit der analen Phase (anus = After) tritt zum erstenmal die *Leistungsangst* als mögliche Erfahrung an das Kind heran. Ungeduldige und etwas eitle Mütter geben ihrem Kind nicht die Chance, in Ruhe das bewußte Koten und Urinieren zu lernen. Das Kind wird geschüttelt, angelärmt: Wird es endlich!? Das Kind verkrampft sich aus Angst und bekommt Verstopfung, eine psychosomatische Ableitung der Angst, die sich im späteren Leben recht oft wiederholen kann. Plötzlich kommt es in ungeeigneten Momenten zum Durchfall als Folge der vorherigen Verkrampfung. Späteres Einkoten und Bettnässen wird meist als Protest gegen eine als feindlich empfundene Umwelt gedeutet, die ein tiefes Mißtrauen und Aggression erweckte. Bekannt ist auch der Rückfall des ältesten Kindes, wenn es sich durch ein Geschwisterchen entthront fühlt und fürchtet, die Liebe der Eltern verloren zu haben.

Zum eigenen Kot hat das Kleinkind ein besonderes Verhältnis. Er ist sein erstes Leistungsprodukt, das es der Mutter zulieb zur rechten Zeit und am rechten Ort plazierte, gleichsam ein Ur-Geschenk, ein Teil seiner selbst. Vielleicht schmiert es anfänglich noch genießerisch damit. Ein Glück für das Kind, wenn die Mutter den Kot zwar lobt, aber das Schmierbedürfnis rechtzeitig auf Sand, Ton, Fingerfarben u. a. umleitet, statt es zu unterdrücken. Äußert sie jedoch nur Ekel, so wird leicht der Unterkörper mit den Ausscheidungsorganen als ekelhaft empfunden, ein Gefühl, das sich auch später auf den Sexualbereich ausdehnen kann. Protest und Identifikation gegenüber einer zu raschen und gewaltsamen Sauberkeitsgewöhnung kann sich später in kleinlicher Spar-samkeit, ja in Geiz äußern.

Am unverständlichsten erscheinen manchen Erwachse-nen die *magischen Ängste* der Kinder zu sein. Kleinkin-der, oft auch phantasiebegabte Kindergartenkinder, er-leben die Welt noch animistisch, alles hat eine anima, eine Seele, auch tote Dinge sind lieb, böse, lustig und müde. So kann der Staubsauger zum brüllenden Untier werden, der Stecker (eine alte Form) «hat ein großes Maul und will mich fressen». Die Badewanne oder die WC-Schüssel wird zum höchst bedrohlichen Ort, «denn das Wasser könnte auch mich hinunterspülen», sinniert das Kind. Es hat noch kein realistisches Verhält-nis zur eigenen Körpergröße, es empfindet sich eher wie den kleinen Däumling, der einer Erwachsenenwelt von Riesen gegenübersteht.

Eine ähnliche Übermacht des Unheimlichen wird in der *Dunkelangst* erlebt. Sie erreicht gewöhnlich um das 4. Lebensjahr herum ihren Höhepunkt. «Der Dunkel schaut mich ganz böse an, er will mich fressen», schreit zitternd die kleine Rita. Peter wagt gar nicht mehr die Augen zu öffnen, denn die Möbelstücke und der Vor-hang am Fenster sind Greuelgestalten geworden. Man-che Kinder und hochsensible Erwachsene beschleicht ein unheimliches Gefühl, wenn die Dunkelheit einbricht. Sie fühlen sich ausgeliefert, haben oft Angst, im Schlaf sterben zu müssen oder getötet zu werden. Manche fürchten auch ihre *Angstträume*: «Jetzt ist die große Kuh schon wieder zu mir gekommen, sie drückt mich zu-sammen», schluchzt Susi, «sie wackelt mit den Hörnern.» Ihre Mutter gehört zu den liebevoll überbesorgten Müttern, die dem Kind in ihrer Ängstlichkeit kaum Raum läßt, selbst etwas zu experimentieren. Sie möchte ihr Kind bewahren und wird dadurch gerade zum Hindernis für seine Entwicklung. – «Au, der Hund hat mich wieder gebissen, er knurrt ganz laut», schreit Urs auf. Was steckt dahinter? Sind es unverarbeitete Angsterlebnisse des Tages, tatsächlich ein Hund oder randalierende Kameraden, von denen man was abbekam? Der Vater, vor dem man Angst haben muß – er kann laut knurren –, oder der kleine Bruder, der mir die Liebe der Eltern gestohlen hat, während sie mich nicht mehr beachten? Oder ist es die eigene Aggression, die tagsüber zu wenig zum Ausdruck kommen darf und sich jetzt ausgleichend im Traum austobt? Der Traum kann auch eine Widerspiegelung der unbewußt wahrgenommenen Familienkonflikte sein. Jedenfalls lohnt sich für Eltern die Frage: Was könnte im Angsttraum unseres Kindes symbolisiert sein? Wo liegen unbewältigte Bedrängnisse, Entwicklungsstörungen? Was können wir ändern? Oder geht es darum, das Kind in seiner momentanen Phase der Eifersucht gegenüber dem gleichgeschlechtlichen Elternteil besser wahrzunehmen, wie die Freudsche Schule dies als ödipale Spannung deutet?

Kinder dürfen weder in ihren Tag- noch in ihren Nachtphantasien von uns Erwachsenen lächerlich gemacht werden. Erzählenlassen und liebevoll darauf eingehen entlastet das Kind – wenigstens für den Moment –, auf weitere Sicht lohnt sich ein kritisches Überdenken der eigenen Erziehungsmethoden, des Familienklimas. Ängste kommen jedoch auch von außen; man kann sie nicht beseitigen, aber im Gespräch und Spiel überwinden helfen.

Kinder sind großartige Selbsttherapeuten. Gerade was sie ängstigt, wird Thema ihres Rollenspiels. Sie spielen zum Beispiel Hund, der selbst laut knurrt, üben im Wechsel mit den Eltern «böser Hund sein». Als ein Vater allzugut diese Rolle spielte, weinte das Kind plötzlich auf und rief zitternd: Sei lieber wieder der Papi! Phantasie und Wirklichkeit fließen noch ineinander über. Im freien Zeichnen, Malen und Theaterspielen werden manche Ängste von den Kindern spontan bearbeitet und so oft wiederholt, bis gewisse Erfahrungen gereift sind.

Tierängste haben ihren realen und ihren phobischen Anteil. An der Hand einer liebevollen Bezugsperson wagen sich Kinder näher an das für sie «schreckliche» Tier heran. Schrittweise nähere Realitätsbegegnung fördert den Abbau der projizierten Angst. Dasselbe gilt auch für die Bekämpfung der Dunkelangst: Ein kleines Stecklämpchen gibt eine gewisse Orientierung im Raum, die Schlafzimmertür muß nicht mehr ganz offen sein; eines Tages wünscht das Kind selbst, sie zu schließen, und ist stolz darauf.

Mit zunehmender Entwicklung muß sich das Kind auch mit *inneren Ängsten* auseinandersetzen. Das kleine Kind untersteht noch voll dem Lustprinzip, möchte jedes Triebbedürfnis sofort und vollauf befriedigt haben. Eine gesunde Sozialerziehung muß jedoch auch Schranken setzen, damit die ursprünglich egozentrische Hal-

38

tung überwunden werden kann. Das Kind lernt Rücksicht und Einordnung. Im gesunden Fall aus Liebe zu den Eltern; krankmachend hingegen wirkt eine Dressur durch Angst. Besonders verhängnisvoll ist es, wenn Gott als oberster Angstmacher zitiert wird: «Gott sieht und hört alles, ihm kannst du nichts verbergen.» Schwere spätere *Gewissensängste* haben in moralischen Überforderungen der frühen Kindheit ihren Ursprung. Statt lebenstüchtiger zu werden, hat das Kind nur gelernt, seine Aggression zu unterdrücken; sie wird auf andere, schwächere Objekte umgeleitet oder verdrängt. Nimmt der Druck der verdrängten Aggression zu, nicht nur durch notwendige erzieherische Verbote, vielleicht auch durch die Rivalität der Geschwister oder den zu engen Lebensraum, beginnt das Kind den eigenen Triebdruck als Gefahr zu fürchten. Kein Kind hält dies aus.

Unbewußt verschiebt es die Angst vor sich selbst nach außen. Es ist eine *Phobie* entstanden: So fürchtet es sich plötzlich unverhältnismäßig vor bestimmten Orten (dem dunklen Keller, einem Gebüsch, einem seltsamen Haus, vor dem Lift), vor Tieren (Mäuse, Spinnen, Insekten, aber auch Hunde, Katzen, Pferde), in unserer technisierten Zeit auch vor Maschinen. Auch gewisse Personen können phobisch beladen werden: der Lehrer, der Arzt, die dunkelgekleidete alte Frau.

Auch die *Kastrationsangst* trägt zum Teil phobische Züge. In der phallischen Phase (phallus = männliches Glied) im 4.–6. Lebensjahr erlebt das Kind oft recht ambivalente Gefühle vor allem dem gleichgeschlechtlichen Elternteil gegenüber. Es empfindet ihn als Rivalen und wünscht ihn daher weg: «Du, Papi, wenn du stirbst, macht das gar nichts, ich heirate dann Mami!» Diese Eifersucht, verbunden mit dem unbewußten Todeswunsch, schafft Schuldgefühle. Freud glaubte, daß der kleine Junge, der so stolz auf seinen Penis sei und auch die Onanie genieße, fürchte, mit Kastration bestraft zu werden. In der Phantasie werden Mädchen daher oft als verstümmelte Knaben gedeutet. Nach Meinung vieler Psychoanalytiker befürchten Jungen dieses Alters dasselbe Schicksal für sich.

Die Frage stellt sich, ob bei der heutigen freieren sexuellen Erziehung die Geschlechtsunterschiede nicht früher und selbstverständlicher wahrgenommen werden. Kinder beiderlei Geschlechter werden zusammen gebadet, können ihre sexuelle Neugierde befriedigen. Im Normalfall erfahren sie im Fragealter, daß das Mädchen nicht weniger – aber etwas anderes besitzt.

Eine phobisch gesteigerte *Körperverletzungsangst* hingegen begegnet uns oft in der Praxis: überbehütete, verzärtelte Kinder, wie durch Schläge und Launenhaftigkeit verängstigte, stehen oft panischen Schrecken aus, wenn sie zum Arzt oder Zahnarzt müssen oder wenn eine kleine Verletzung zu behandeln ist. Sie lernten von der Erwachsenenseite her keine ruhige Führung kennen.

Manche der angesprochenen Ängste dauern auch im Schulalter an, andere verlieren sich mit zunehmender Entwicklung oder treten im späteren Leben in neuen Formen auf.

Die *Schulangst* ist häufiges Thema in der Familie wie in der wissenschaftlichen Forschung. Sie kann hier nur

40

Abb. 6
Scenotest: Überfordernde Eltern möchten ihren Sohn zum
Studium zwingen; sie werden zu unerreichbaren Denkmalsfiguren

noch gestreift werden. Nach meiner Erfahrung ist sie genauer besehen weniger eine Leistungsangst als eine Beziehungsangst. Wohl sind die Leistungsanforderungen gestiegen, das ständige methodische Experimentieren überfordert oft Lehrer und Schüler; problematischer scheinen mir jedoch die Beziehungsstörungen zu sein, besonders an Industrieorten und in den Städten. Viele Kinder fürchten sich weniger vor dem Lehrer als vor brutalen oder hänselnden Kameraden, obwohl vereinzelt auch heute noch sadistische Autoritätsfiguren ihr Unwesen treiben. Unrealistische Erwartungen der Eltern (s. Abb. 6 u. 7) an die Kinder entmutigen zum voraus, sich in der Schule durchzusetzen. Der bessere Kontakt zwischen Eltern und Lehrern, wie er, von Aus-

Abb. 7
Scenotest: Schulschwierigkeiten und familiärer Hintergrund:
tyrannischer Vater, Mutter, die nur ihr Baby beachtet

nahmen abgesehen, heute selbstverständlich geworden
ist, vermag manche Angst zu verhindern oder dann in
gemeinsamer Anstrengung zu überwinden.
Wie Sicherheit vermittelt werden kann, wird uns noch
später beschäftigen. Die Auseinandersetzung mit der
Angst im Kindesalter ist ein Lernprozeß, der meist nur
in kleinen Schritten vor sich geht. Er bedarf der Geduld
mit dem Kind und der Veränderungsbereitschaft der
Erzieher: Kein romantisches Verklären der Wirklichkeit, aber Ermutigung, das Leben zu wagen. Sentimen-
tale Erzieher wirken ebenso als *Angstmacher* wie will-
kürliche und vergewaltigende. Angstbefreiend wirkt
nur, wer selbst um den Sinn des Lebens kämpft.

3. Wenn Erwachsene Angst haben

«Ich habe mein ganzes Leben Angst gehabt, die Angst ist mein Problem», so beginnt ein in den Fünfzigerjahren stehender Abteilungsdirektor unser erstes Gespräch. «Es gibt einen einzigen Ort, in dem ich keine Angst habe: im Auto. Da erreicht mich kein Telephon, da bin ich nicht ständig geplagt von der Frage: Was habe ich wohl wieder falsch gemacht? Jedesmal wenn das Telephon läutet, erschrecke ich: Ist es wohl der Generaldirektor? Was wird er noch hinzufordern, noch mehr Plan-Soll für meine Abteilung? Noch mehr Streß für mich und meine Leute? Oder wird er kritisieren, mich zusammenscheißen, daß ich mich als letzten Dreck empfinde? Dann bin ich zuerst ganz erledigt, vermag mich nicht mehr zu konzentrieren. Langsam steigt dann eine Wut in mir auf. Ich möchte etwas zertrümmern, einfach etwas kaputtmachen.

Aber was geschieht? Ich lächle freundlich beim Vormittagskaffee, gebe mich zuvorkommend, verständnisvoll – und komme mir dabei als Heuchler vor. Es kotzt mich an. Und das macht mir von neuem Angst: dieses Theaterspiel, diese Feigheit. Bin ich noch normal?, so frage ich mich.

Ich weiß zwar, daß in 95% der Fälle meine Leistungen akzeptiert, ja geschätzt werden. Trotzdem habe ich in meinem Leben Pech: meine obersten Chefs hatten stets ein gebrochenes Verhältnis zu mir. Wenn die Firma rezessive Tendenzen hat, sind sie besonders hart, unnachgiebig, fordern auch das Unmögliche heraus. Ich gerate dann in eine Sandwichposition: von oben der Druck und von unten die Unzufriedenheit. Und ob ich die verstehe?! Aber ich darf mich ja nicht solidarisieren, muß ‹mit Überzeugung› für die Interessen der Firma eintreten, gute Argumente vorbringen. Wenn ich sie zum x-ten Mal verschiedenen Mitarbeitern wiederholt habe, glaube ich selbst daran. Ich spüre nur manchmal ein leises Zittern in meinen Händen.»

«Schließen Sie jetzt bitte die Augen und versuchen Sie mal, sich in dieses Zittern hineinzufühlen. Können Sie es jetzt nachempfinden?», frage ich weiter. «Bleiben Sie ganz dabei. Was sagen Ihnen Ihre Hände?» –

«Du zwingst uns, etwas zu tun, was wir nicht wollen: darum gehorchen wir dir nicht mehr. Ja, ich zwinge mich, Dinge zu tun, die ich nicht will…» Langes Schweigen. – Dann vulkanartig: «Es war immer so, von Anfang an. Mein Vater starb früh. Ich war total der Mutter ausgeliefert. Die ältere Schwester konnte sich selbständig machen, als Mädchen war es leichter für sie. Sie wurde sehr tüchtig, fand aber keinen Partner; doch scheint sie deswegen nicht unglücklich zu sein.

Ich war stets der liebe Fritzli, gehätschelt und umsorgt. Stets hatte die Mutter Angst, ich würde mich erkälten; sie zwang mich noch im Vorsommer, wollene Socken anzuziehen und in dicken Pullovern zu schwitzen. Sie rackerte sich für uns ab. Eigentlich hätte ich einen handwerklichen Beruf gewünscht – aber Mutter wollte, daß ich studiere, ‹etwas Besseres› werde. Wie undankbar von mir, wenn ich ihre Mühe nicht mit Fleiß beantwortet hätte! So schaffte ich eben das Gymnasium, mit Mühe auch die Universität. Mutter war stolz auf mich. Im Innersten aber verachtete ich mich. *Ich war ja gar nicht ich.* Ich war ihr Produkt, ihr Aushängeschild. Seht meinen Sohn! Was habe ich arme Witwe doch zustande gebracht! – Natürlich durfte ich sie nicht hassen, ich war ihr ja Dank schuldig. Aber sie hat mich verführt zu meiner passiven Rolle, zur Marionette, die sich an den Fäden ziehen läßt… Langes Schweigen… dann ein bitteres Lachen: Ja, Sie sehen, ich bin ein gut funktionierender Bürger, brav angepaßt!»

Ein späteres Gespräch ergab: «Daß ich verheiratet bin, verdanke ich meiner Frau. Sie wollte mich – und für mich war das wie Erlösung. Endlich frei von zu Hause! Sie kämpfte mit Erfolg um die nötige Distanz zu meiner Mutter. Wir zogen in eine entferntere Gegend. Heute haben wir ein eigenes Haus. Das gibt ein Stück weit Sicherheit. Allerdings auch Belastung.

Unsere Kinder haben keine Lust, im Garten zu arbeiten; das meiste muß ich allein erledigen. Ich habe es satt, stets um Mithilfe betteln zu müssen.

Meine Frau arbeitet Teilzeit in ihrem früheren Beruf. Sie hat Durchhaltekraft, aber auch sie denkt immer wieder von sich selbst: Meine Arbeit ist nicht gut genug. Auch sie ist ängstlich, in manchem sind wir uns ähnlich. Sie ist aber kämpferischer als ich.

Unsere Kinder studieren, es läuft nicht schlecht, sie sind

begabt – aber etwas einseitig. Der Sohn ist ein Aussteiger geworden. Er weigert sich, trotz der guten Vordiplomprüfungen, sein Studium zu beenden. Gelegentlich übernimmt er ganz einfache Arbeiten bei einer Baufirma, damit er wieder Geld zum Leben und vor allem zum Reisen hat. Er kennt schon viele ferne Länder, lebte dort zum Teil als Gelegenheitsarbeiter; zu Hause aber ist er menschenscheu, er kapselt sich ab oder flüchtet in seine frühere Wohngemeinschaft aus der Studentenzeit. Was wird aus ihm werden? Das macht uns Angst.» –
Diese skizzenhaften Erlebnisberichte berühren *verschiedene Angstherde*. Sie ließen sich tiefenpsychologisch auch von verschiedenen Seiten her betrachten. Wir müssen uns auf einige Ansatzpunkte beschränken:

– Die Angst hat sich generalisiert, sie ist zur *Grunderwartung* dem Leben gegenüber geworden. Auch die 95% erfolgreichen Leistungen vermögen kein Gegengewicht zu bilden zu der Erwartungsangst: Ich werde versagen.
– Der *überidealisierte Vater*, wie sich später zeigen sollte, wie die übertüchtige Mutter stellten für den kleinen Fritz wohl Vorbilder, mehr aber noch angstmachende Antreiber dar, also Chefs, zu denen «nur ein gebrochenes Verhältnis» möglich war.
– Der Druck, *«etwas Besseres» werden zu müssen,* wofür von Mutters Seite soviel geopfert worden war, führte in eine unausweichliche Zwangslage: Fritz mußte um jeden Preis den von der Mutter gewünschten Erfolg erreichen, sie hatte doch diesen Dank verdient. Ihr Ideal selbst, ihr Wunschbild, sollte voll zum Zug kommen.

– Die *Mutter* war sich der *Ambivalenz ihrer Gefühle* gegenüber dem Sohn kaum bewußt. Sie hegte und pflegte ihn als Kleinkind und sparte nicht mit Zärtlichkeit, wenn er über sich verfügen ließ. Meldete er aber eigene Bedürfnisse, die ihr im Moment unerwünscht waren, stieß sie ihn kalt zurück, gab auf keine Frage mehr eine Antwort. Du bist Luft für mich! Du existierst nur für mich, wenn du dich mir unterwirfst. Was Fritz am meisten dabei ängstigte, war sein Hin- und Herschwanken zwischen hilfloser *Auflehnung und Schuldgefühlen.* In seinen Träumen erschien die Mutter oft als schmeichlerische und dann doch wieder als giftig zubeißende Schlange. Weil ein Kind nichts so unbedingt verlangt, wie geliebt zu werden, paßt es sich den Wünschen der Eltern an. So lernte Fritz, den eigenen Gefühlen zu mißtrauen, sie abzuspalten und dafür in Delegation die Wünsche und Gefühle der Mutter zu übernehmen.

– Der Preis des Angenommenseins erwies sich aber als verhängnisvoll. Fritz lernte, sich zu verachten, ein *falsches Selbst* aufzubauen, *die eigenen Gefühle* zu verdrängen. Sie *wandelten sich in Angst,* die ihn stets und überall begleitete.

– Das Auto spielt bei manchen Menschen die Rolle eines Selbst-Symbols, einer Zusatzprothese des eigenen Selbstwertgefühls, hier hat es vor allem die Funktion der Abschirmung: «Da erreicht mich kein Telephon, niemand stellt eine Frage danach: Was habe ich wieder falsch gemacht?»

– Der *größte Schmerz,* mit dem Fritz konfrontiert werden mußte, war die Tatsache, nicht um seiner selbst willen geliebt worden zu sein. Erst durch das *Durcharbeiten dieser Ur-Enttäuschung kann sich die Angst verflüchtigen*, wird auch der Zugang zu den heiteren wie den dunklen Gefühlen wieder frei. Man wird dadurch zwar *nicht schmerzfrei*, aber der Schmerz wird frei von Selbstverachtung und Angst.

– Daß Fritz eine starke Frau heiratete, das heißt, von ihr *geheiratet wurde*, entspricht dem bekannten Projektionsmechanismus bei mancher Partnerwahl. Weil aber seine Frau auch mit Beziehungsängsten zu kämpfen hatte, kam es nicht zu einer verhängnisvollen Kollusion, in der beiderseits verbissen um die Macht gekämpft werden mußte. Fritz konnte ihren Vorsprung an Aktivität im Beziehungsfeld anerkennen, während sie seine intellektuelle Überlegenheit akzeptierte.

– Die Frage stellt sich, welche Rolle der *Aussteiger-Sohn* im ganzen System der Familie zu spielen hat. Muß er nicht unbewußt die ungelebten Wünsche seines Vaters ausleben? Er wagt es nun, nein zu sagen zum Studium, einfache Arbeit mit seinen Händen zu verrichten, daneben jugendliche Sehnsüchte nach der Ferne zu realisieren. Sein Gang zum Berufsberater kündet es bereits an, daß er sich müht, eine echte Berufswahl zu treffen und sich auf seine Weise den Weg in die Gesellschaft zu bahnen, nachdem er seine Abkapselung als Selbstschutz fallen lassen kann.

Zusammenfassend halten wir fest, daß es ein *Sanatoriumsklima* (Richter, H.E.: Patient und Familie, Hamburg TB, 1. Kapitel 1972) mit überbehütender Vergewaltigung war, das in Fritz eine tiefe Gefühlsverwirrung ausgelöst hatte, auf die er mit zunehmender Angst reagieren mußte («Bin ich noch normal?»).

An inneren Ängsten leiden manche Menschen. Weil sie sie als unfassbar und daher als nicht bekämpfbar erleben, wirken sie besonders unheimlich.

Schicksalsängste haben einen besonders magischen Charakter. In schweigender Übereinkunft werden sie im Rahmen der Familie von einem Tabu belegt: davon spricht man doch nicht, dann tritt die gefürchtete Möglichkeit auch nicht ein. In der Analysesituation wurde folgender Traum berichtet:

«Ich bin im Innern eines ungeheuer großen Schiffes. Oben an der Seitenwand des Schiffsbauches steht nur ein kleines Trittbrett zur Verfügung, auf dem ich, den Rücken an die Wand gedrückt, einigermaßen stehen kann. Es ist stockfinster, unten gähnt der Abgrund, er übt eine unheimliche Sogwirkung aus. Ich klemme mich noch mehr an die Wand.

Es beginnt unheimlich zu knistern. Eine Fülle von todbringenden Atomen ballt sich zu hochkomplizierten Strukturen zusammen. Sie vermehren sich und schwirren durch den Raum.

Hilfesuchend blicke ich zur Seite. Zu meiner großen Erleichterung entdecke ich auf einem etwas größeren Vorsprung meinen Analytiker, der ein kameraähnliches Objektiv schwenkt. Es gelingt ihm, Gruppe um Gruppe der gefährlichen Atomstrukturen einzufangen. Wie die letzten verschwunden sind, taucht unten im Schiffsbauch etwas Blaugrünliches auf. Eine Wasserleiche,

49

denke ich zuerst. Es ist aber ein Gesicht voller Haß und Ekel. Seltsam, die Züge entspannen sich, jetzt drücken sie nur noch Schmerz aus, einen abgrundtiefen Schmerz. Es ist mehr als nur der Schmerz eines einzelnen. Es ist das Leid der Welt, die Dornenkrone wird sichtbar. Meine Angst ist verschwunden, nichts Häßliches, Abstoßendes mehr, nur noch ein tiefes Sich-eins-Fühlen, ein Hinhorchen, so etwas wie Bereitschaft.»

Das Lebensschiff des Traumes läßt keine gemütliche Atmosphäre zu: dunkel, nur wenig Raum zum Stehen, unfaßbare tödliche Bedrohung.

Diese wird aber eingefangen durch das Objektiv (!) des Analytikers und manifestiert sich nun unten im vorher unsichtbaren Schiffsboden als Gesicht, das eine Wandlung durchmacht: Haß und Ekel wandeln sich in Schmerz. Der Schmerz wird als heilbringend, als erlösend erlebt, die Dornenkrone Christi deutet es an. Das Ja zum Leid der Welt, auch zum eigenen, läßt die Angst verschwinden.

Die weitere Traumbearbeitung ergab: Es ist nicht mehr nötig, vor einer möglichen Wiederholung des Familienschicksals die Augen zu verschließen. Nebst den schönen Seiten des familiären Erbes sind auch die dunklen schmerzhaften anzunehmen. Sie müssen nicht ihre unheimliche Macht ausüben, wenn es gelingt, ihnen ins Angesicht zu schauen. Dazu braucht es das Objektiv des Analytikers, d.h. in einem weiteren Bezugsrahmen: den Willen zur Objektivität, zur Ehrlichkeit, den Mut, sich mit der eigenen Wahrheit konfrontieren zu lassen. Szondi hat in seiner «Schicksalsanalyse» (Basel 1944) eindrücklich herausgearbeitet, daß das familiäre «Zwangsschicksal» sich in ein Wahlschicksal verwandeln läßt, wenn es gelingt, der eigenen Trieb- und Ichstruktur gemäß die wichtigsten Lebensentscheidungen zu treffen: Findet die Energie einen gesunden Abfluß im richtigen Beruf, stärkt der Aufbau guter Beziehungen das Selbstwertgefühl, so bietet sich Schutz gegen manche Ängste.

Auch *Triebängste* werden von Erwachsenen meist sorgsam verdeckt. Der Leidensdruck muß schon ein großes Ausmaß annehmen, bis sie sich mitteilen können.

So klagt eine Lehrerin über ihre nicht zu bändigende *Aggression*: «Ich bin verzweifelt, die Aggression ist einfach stärker als ich. Ich schimpfe drauflos, statt die Situation zu bewältigen. Einzelne Schüler bringen mich zur Weißglut. Sie reizen mich auf durch ihre Faulheit und Nachlässigkeit; andere bringen mich aus der Fassung durch Frechheit oder Blödelei. Manchmal bin ich nicht imstande, eine Frage als solche zu akzeptieren; in meinen Augen wird sie gleich zum Angriff gegen meine Autorität. Hier sehen Sie mal, wie ich mich fühle!» Sie hält eine Zeichnung hin: ein dämonisches Gesicht mit Hörnern und feurigen Haaren (s. Abb. 8).

Ähnliche Aggressionsängste kann man gelegentlich von jungen Müttern hören, die sich überlastet und eingesperrt vorkommen: «Ich habe Angst vor mir selbst. Wenn der Kleine so unersättlich trinkt, komme ich mir wie ausgesogen vor. Ich spüre dann den Impuls, ihn aufs Bett zu schmeißen, bis jetzt habe ich es nicht getan. Es braucht dann nur einen kleinen Anlaß, so entlade ich

Abb. 8
Erlebte Aggression: dämonisches Gesicht

meinen Ärger gegenüber den beiden größern Kindern, die Ohrfeigen fliegen, manchmal auch Schimpfnamen. Und ich wollte einst eine gute Mutter sein! Es ist unheimlich. Woher kommt ein solcher Zwang?»
Ja, diese Frage muß gestellt werden. Überdimensionierte Aggressionen haben meist einen in der Kindheit erwor-

benen Hintergrund: der aktuelle Vordergrund bildet nur den Auslöser. So werden Erwachsene noch zum Protest gegen Eltern oder andere Autoritätsfiguren gezwungen, selbst wenn diese schon längst tot sind. Sie tragen sie in sich als Introjekte, die überforderten, lächerlich machten oder aus Gleichgültigkeit alles zuließen, sie also als Kinder in die Einsamkeit stießen.

Es können auch Beziehungsstörungen aus der gegenwärtigen Lebenssituation sein, die zum Projizieren verführen: Junge erfolgreiche, aber etwas schnoddrige Kollegen, einen Ehegatten, der mehr mit dem Beruf als mit seiner Frau verheiratet zu sein scheint.

Angst vor *Aggressionshemmung* lernten wir aus dem ersten Beispiel kennen: Die Unfähigkeit, andern Grenzen zu setzen, sich selbst zu behaupten, nicht einfach über sich verfügen zu lassen.

«Ich weiß es zum voraus», so beklagt sich ein jüngerer Sozialarbeiter, «ich werde mich wieder herumjagen lassen von meinen Klienten. Ich hetze mich ab, weil ich in Notsituationen nicht in Ruhe zuwarten kann. Ich bin unkritisch, vielleicht gefalle ich mir auch in der Rolle des Helfers, auf den man sich jederzeit verlassen kann. Im letzten fühle ich mich aber ausgenützt. Wie wird das enden?»

Über die Tragik des hilflosen Helfers ist schon verschiedentlich nachgedacht worden. Eine der überzeugendsten Darstellungen dürfte die von Erich Schmidbauer sein (Hilflose Helfer, Hamburg 1975). Das in seinem Selbstgefühl tief verletzte Kind von einst versucht in ungeheurer Anstrengung seine Lebensberechtigung zu dokumentieren. Je größer das narzißtische Loch, desto größer der Zwang, sein Dasein-Dürfen gleichsam verdienen zu müssen. –

«Ich werde wieder nichts sagen können, auch wenn mir die Möglichkeit zur Verteidigung angeboten wird», meint vor der Team-Sitzung eine tüchtige Sekretärin. «Vielleicht verstehen Sie mich besser, wenn Sie diese Zeichnung anschauen? Ich vermag meine Angst nicht in Worte zu fassen»: Ein eingeklemmtes winziges Ich steckt in einem 10fachen Käfig (s. Abb. 9).

Die *orale Gier* wird oft angstvoll von Menschen registriert, die bereits einige Erfahrungen mit der Depressionsthematik machen mußten. «Ich muß wieder im Übermaß essen; so weiß ich, daß wieder eine Phase im Kommen ist. Ich komme mir wie ein Tier vor, das einfach drauflos frißt – Tiere aber wissen, wann sie genug haben. Ich bin besonders abhängig von Schokolade, Kuchen, Pralinen und Beruhigungspillen.» –

«Ich muß wieder mehr rauchen als sonst», bemerkt eine junge Frau; «ich habe Angst, es am neuen Arbeitsort nicht zu schaffen. Ich fühle mich dort isoliert.» –

Nach einer Entwöhnungskur im Spital meint ein 40jähriger Mann: «Jetzt geht es mir gut – aber wie lange? Ich habe Angst, nicht durchhalten zu können, wenn meine Kollegen mich foppen.» –

Bei Rauschgiftsüchtigen nimmt die Angst Panikcharakter an; um sich für den Moment daraus zu retten, nehmen manche größte Erniedrigungen auf sich, lassen sich selbst zu Verbrechen hinreißen, nur um wieder an den «Stoff» heranzukommen.

Abb. 9
Aggressionshemmung:
Versuch auszubrechen – wieder gefangen

Die *sexuellen Ängste* haben trotz aller Aufklärung und Enttabuisierung nichts an Kraft verloren. Sie scheinen sich nur verschoben zu haben. So wird man heute mit Fragen konfrontiert, die eine frühere Generation kaum gestellt hätte. So ein 16jähriger: «Bin ich normal, obwohl ich in meinem Alter noch keinen Coitus erlebt habe?» Oder eine 19jährige: «Ich bin total ausgebrannt, eine heruntergekommene Batterie, meine sexuellen Erfahrungen haben nur eines gezeigt: Die sogenannte große Liebe gibt es nur in Romanen, es wollen doch alle bloß den Plausch. Vorderhand will ich von Männern nichts mehr wissen, vielleicht überhaupt nie mehr.» –

Aber auch heute gibt es noch den scheuen Jüngling, der vor seinen Kameraden als «erfahren» zu bestehen versucht; seine Träume sagen aber etwas anderes aus. Ein in Variationen sich wiederholendes Traumbild führt ihn in die Turnhalle, wo auch seine Kameraden exerzieren. Er versucht sich in einer Ecke im Sexualkontakt mit einem Mädchen. Nach dem Beischlaf fallen ihm die Zähne heraus oder sein Penis zerfällt wie eine Orange in kleine Schnitze.

Die Angst vor Impotenz und Frigidität ist weit verbreitet; sie wird besonders groß, wenn die sexuelle Bedürfnislage bei den Ehepartnern sich gegensätzlich entwikkelt hat. So fühlt sich der eine oft vergewaltigt und strengt sich an, alles zu geben was er kann, während der andere sich frustriert fühlt, letztlich abgewiesen, degradiert als Empfänger einer Pflichtübung. Ein ehrliches Gespräch über die eigene Befindlichkeit würde oft ängstigende Erklärungsphantasien des andern überflüssig machen.

Die Haltung der Treue, die seit jeher die Begleiterin einer tiefen Liebe war, wird teilweise heute ihrer Würde beraubt. «Ich bin wohl kleinlich und altmodisch, wenn ich es nicht als selbstverständlich hinnehme, daß mein Mann noch verschiedene sexuelle Beziehungen neben unserer Ehe hat?», so fragt sich eine ca. 40jährige Frau. «Ich bin auch nicht bereit, Gruppensex mitzumachen, wie er es wünschte.» «Ich sehe es klar», so äußert sich eine andere, «ich habe nur die Wahl zwischen Komplizin-Spielen, was den beiderseitigen Freipaß einbrächte, oder einer zunehmenden Isolation. Entfremdet werden wir so oder so.» –

Die *Onanie* als Übergangs- oder Ausweichlösung hat im Gegensatz zu früher manches an Angstbelastung verloren. Als Dauerlösung vermag sie aber kaum zu beglükken.

Homosexuell zu sein oder sich dafür zu halten, wirkt für die meisten anfänglich als Schock, auch wenn häufig als Selbstschutz das gegenteilige Motto aufgebaut wird: Schwul sein ist schön! Die Tragik der homosexuellen Existenz ist erschütternd; aus keiner andern Menschengruppe resultieren so viele Selbstmorde. Während Heterosexuelle für sich jedwede sexuelle Freiheit postulieren, gebärden sich viele als äußerst pharisäische Sittenrichter gegenüber dieser anders gearteten Menschengruppe, die sich ihr Schicksal wahrhaft nicht selbst gezimmert hat!

Überich-Ängste bedrohen gerade die gewissenhaftesten Menschen am meisten. Sie wagen nur mit Mühe, eine Pflicht als wirklich erfüllt zu betrachten: «Dann höre ich meine Mutter sagen: Aus dir wird nichts! Das wußte ich immer schon. Du bist genau wie Onkel Hans», berichtet ein tüchtiger Kaufmann mit gepreßter, leiser Stimme. Er wagt seinen Berufserfolg nicht freudig zur Kenntnis zu nehmen, die destruktive Elternbotschaft verwehrt es ihm.

Eine ähnliche magische Angst provozierte bei einer Ärztin sogar einen Selbstunfall, jedenfalls deutete sie ihren plötzlichen Sturz mit Arm- und Beinbruch so: «Es ist seltsam, jetzt fühle ich mich beinahe erleichtert. Stets sagten mir die Eltern: Bilde dir ja nicht ein, dich mit deinem Bruder vergleichen zu können! Sie waren enttäuscht, daß ich als erstgeborenes Kind ein Mädchen war. Meine Praxis läuft aber ebenso gut.» Hier hatten sich zwei Elternbotschaften vereint: «Du solltest keine Frau sein» und «Nimm dich nur nicht zu wichtig». Wagt man trotzdem seinen Weg zu gehen, stellt sich oft ein unbewußtes Strafbedürfnis ein. Den introjezierten Eltern muß wie neidischen Göttern ein Versöhnungsopfer dargebracht werden.

«Paß nur auf, der liebe Gott hat feine Ohren!», so sieht die heute 50jährige Edith stets noch den Drohfinger ihrer Mutter, der es gelungen ist, das einst lebensfrohe Mädchen in zunehmende Verengung und in Skrupulantentum zu stoßen; das kleinste Versagen nötigt sie in einen Dschungel von Selbstvorwürfen. Ihr überstrapaziertes Vollkommenheitsideal muß sie stets wieder zur Schuldigen machen. Ihr Versagen wird verständlicherweise mehr als Kränkung ihrer Selbstliebe erlebt, was dann den Teufelskreis der Wiedergutmachung durch noch höhere moralische Selbstüberforderung verstärkt. Bis echte Reue, aber auch Dankbarkeit dem Leben gegenüber erlebt werden kann, muß das Selbstbild und die damit verbundene Wertordnung noch einen großen Wandel erfahren dürfen.

Es ist erschütternd, feststellen zu müssen, wieviel unbewußte Vorurteile und Ängste auch noch im Gewissen der Erwachsenen weiterschwelen: «Denke auch, was werden die Leute sagen!», wie oft stellt sich diese Versuchung ein, wenn ein tapferer eigenständiger Entscheid fällig wäre. Soziale und sogar religiöse Motive sind leicht zur Maskierung der eigenen Feigheit zu finden.

Den Schrecken, kein personales reifes Gewissen entwikkelt zu haben, erfahren manche Erwachsene erst im Spiegel der Fragen ihrer Kinder und Jugendlichen. Es kann eine heilsame Angst sein, zu spüren, daß es nicht genügt, sich nur auf Tradition, Gebote und Verbote abzustützen. Begründungen für Normen und eigenen Lebensstil liefern zu müssen, zwingt zu kritischer Selbstbeurteilung: Was ist überfälliger Ballast, der unnötig mein Leben einengt – wie liegen anderseits bisher übersehene Möglichkeiten und Forderungen? Jugendliche fragen hierin oft unerbittlich, bis sie einigermaßen das Gefühl haben, die Demaskierung der Eltern oder anderer Autoritätsfiguren sei in Gang gekommen. Unangenehme Fragen zu stellen, war stets Aufgabe der jungen Generation.

Echte Schuld anzuerkennen, fällt uns Menschen schwer. Wir fürchten die Beschämung vor uns selbst und den möglichen Prestigeverlust vor den andern. Und doch löst nichts so tiefe Ängste aus wie Verhärtung in ungesühnter Schuld.

Ich-Ängste erlebt jeder gesunde Mensch im Laufe seiner Entwicklung. Wir könnten sie auch als *Reifungsängste* bezeichnen. Unter dem Ich verstehen wir im Rahmen des analytischen Modells die vermittelnde Instanz zwischen den Trieben und dem Überich; ihr kommt es zu, die Impulse von oben und von unten wahrzunehmen, Maß und Ziel zu setzen, verantwortlich zu entscheiden.

Im Laufe unseres Lebens wechseln unsere Fähigkeiten, Werte wahrzunehmen und zu verwirklichen. Es erfordert jeweils einen gewissen Mut, zur rechten Zeit Überlebtes fallen zu lassen, sich nicht auf erworbene Gewohnheiten und Denkschemata zu beschränken. Neues fordert stets ein Risiko ab, hält aber auch lebendig. So müssen wir unsere *Identität stets wieder neu erkämpfen.* Wir verstehen uns dann oft selbst nicht mehr. Vorübergehend werden wir ein Stück weit mit der *Depersonalisation,* der Selbstentfremdung, konfrontiert: so fühlen wir uns wie leer, als Zuschauer des eigenen Lebens. Auch die Welt gerät in seltsame Distanz; in der *Derealisation* empfinden wir nicht mehr ihre unmittelbare Lebendigkeit. Diese Abspaltung des Gefühls zeigt sich bis in die Träume hinein: Die Vorgänge werden bloß als Film oder als Traum im Traum erlebt, die Traum-Landschaft wird zum Gemälde, zur Scherenschnittdarstellung, zur Theaterbühne; die eigene Person tritt als Zuschauer wie als Schauspieler auf, oft auch gespalten in zwei Figuren: die helle und die dunkle. «Ich gehe im weißen Kleid auf einem schmalen Laufsteg; links im Morast liegt mein Ebenbild, schwarz und voller Schmutz, sie möchte mich zu sich hinablocken. Ich schreie auf und erwache.» So berichtet eine 45jährige von ihrem Kampf mit der Schattenseite ihrer Person, ein Thema, das im Jungschen Individuationsweg (Jacobi, J.: Weg zur Individuation, Zürich 1971) besonders eindrücklich herausgearbeitet wurde.

Guardini hat in seiner kleinen Schrift «Die Lebensalter» in klassischer Kürze die verschiedenen *Reifungskrisen* dargestellt: Um das Kindsein hinter sich zu lassen, muß der Jugendliche die *Ablösung* von den Eltern vollziehen; die innere Einsamkeit, das Gefühl, einzigartig und gerade darum unverstanden zu sein, bereitet ihn vor für die bald geforderte Autonomie.

Als junger Erwachsener stößt sein Idealismus, die Kompromißlosigkeit im Denken und Handeln, bald an die Krise der *Erfahrung;* Mißerfolge lassen manchen Versuchsballon platzen, ein Bild, das sich übrigens in Träumen dieser Phase öfters einstellt. Wird jetzt ein Stück Illusion zugunsten größerer Realitätsnähe darangegeben – oder läßt man sich fallen in passives Enttäuschtsein, in bloße Anpasserei oder in ihr Gegenteil, in den fanatischen Protest?

Der mündige Mensch entwickelt in sich eine stets größere Durchhaltekraft, die Verantwortung in Familie, Beruf und Öffentlichkeit hat zugenommen – und eines Tages stößt man an die *Grenze* der eigenen Kraft. In dieser Krise der Lebensmitte ängstigt man sich ob der Überfülle der Möglichkeiten. «Der überladene Karren droht umzukippen», meint einer in Selbstironie, «ich kann doch nicht ständig noch mehr leisten und noch mehr Beziehungen knüpfen und durchhalten.» Gelingt es, jetzt für sich die richtigen Akzente zu setzen, seine eigentliche Kompetenz herauszuarbeiten, dann erfüllt sich das Wort Goethes, daß sich in der Beschränkung der Meister zeigt.

Die Krise der *Ernüchterung* steht an der Schwelle des Alters: Eine gewisse Müdigkeit, etwas wie Überdruß meldet sich. Auch der sogenannte erfolgreiche Mensch entdeckt mit geschärftem Blick die Dürftigkeit seiner Existenz, die Hohlheit so mancher Beziehung. Zwei Wege stehen nun offen: Wir können vor der Tatsache der Vergänglichkeit erschreckt die Augen schließen, unser Altwerden verleugnen – oder wir brechen durch zur Freiheit des weisen Menschen, der nicht mehr so abhängig ist vom momentanen Erfolg, der auch über den eigenen Mißerfolg humorvoll lächeln kann.

In dieser Krise der *Loslösung* spüren wir den eigenen Körper vermehrt als Mahner: Mach dich bereit! Auch du wirst bald an deinem Ende angelangt sein. Der näherkommende Tod macht das Leben kostbarer. Man darf es jetzt als Gabe annehmen, selbst wenn es mit Schmerzen verbunden ist. Das Dasein wird wichtiger als die Leistung. Mancher Mensch darf in Alter und Krankheit einen ganz neuen Tiefgang seiner Religiosität erleben. Damit ist nicht ein billiger Trost vor dem Schrecken des Todes gemeint, eine verharmlosende Illusion, die das Sterben versüßen soll – nein, hier geht es um ein letztes Hineinwachsen in eine höhere Dimension, ein Fallenlassen der irdischen Maßstäbe, ein sich Vorbereiten auf die Voll-Endung, für den gläubigen Menschen: die Begegnung mit dem Gott, den er bewußt und unbewußt das ganze Leben hindurch ersehnt hat.

Manche Philosophen meinen, daß in jeder Lebensangst auch Todesangst mitenthalten sei. Persönlich glaube ich, daß die Annahme des Todes, auch im Lebendigen, das Leben nicht ärmer, sondern reicher macht.

4. Angst fordert heraus

Viele Menschen scheuen sich zuzugeben, daß sie vor un-gelösten Konflikten stehen. Ja sie kommen sich beinahe unanständig vor, Konflikte zu haben.

Auf die Frage: Wie geht es Ihnen? hören wir stereotyp: Danke, gut! So wurden wir gelehrt zu reagieren, me-chanisch ein Begrüßungsritual zu vollziehen und von vornherein nichts dabei zu denken. Ähnlich reflexartig verläuft die gegenteilige Reaktion, die bei einem Teil der jüngeren Generation in Mode ist: Ach, alles ist Scheiße!

Und doch ist unser Leben weder schwarz noch weiß. Es enthüllt eine Fülle von Widersprüchen, von Konflikten, wenn wir näher hinsehen. Natürlich gewähren wir nicht jedem Menschen gleich den Zugang, wir kämen uns als exhibitionistische Schaufenstertypen vor – von dort her haben zudeckende Rituale ihren berechtigten Sinn. Gefährlich werden sie nur, wenn sie zu allmächti-gen Tarnmanövern, zu eigentlichen Fassaden werden; wenn wir mit niemandem mehr über unsere Probleme reden, ja sie vor uns selbst erfolgreich abzuwehren ver-suchen.

Jeder ungelöste Konflikt löst Angst aus. Die Angst hat wie-derum den Auftrag, uns mit der eigenen Konfliktwelt zu konfrontieren. Sie ist gleichsam das Rotlicht, das Gefahr signalisiert. Der Gefahrenherd kann in mir selbst liegen, in meinen eigenen Widersprüchen. Vielleicht sind es auch ungelöste Beziehungskonflikte oder unangenehme Sachprobleme, die mich quälen. In vielen Fällen durchdringen sich alle drei Ebenen.

Wo immer der Akzent liegen mag, stehe ich als Mensch vor der Frage: Wie bewältige ich meine Angst? Wie versuche ich, mit ihr umzugehen?

Ringe ich mich zu einer klaren Entscheidung durch, oder überlasse ich mich dem unbewußten Spiel der verschiedenen Mechanismen? Eine solche Frage wäre allzu einfach gestellt. Nie sind wir ganz freier Mensch – nie aber auch nur ein mechanischer Apparat, zu totaler Unfreiheit verdammt. Unsere Lebenserfahrung weiß von beiden Welten. Und es ist gut, von beiden zu wissen.

Die unterschwelligen Sabotagen – aber auch die unbewußten Sehnsüchte – führen das Denken und Wollen in größere Realitätsnähe: sie bieten einen Boden, auf dem nicht nur idealistische Scheingebilde zu wachsen brauchen. Das Dunkle, Chaotische entlädt sich oft gegen unsern Willen: «Das Gute, das ich will, das tue ich nicht, und das Böse, das ich nicht will, das tue ich.» Das Wissen um diese Beschränktheit macht vorsichtiger, selbstkritischer.

Aber es tut uns auch wohl, auf Erfahrungen zurückzublicken, wo wir etwas wie Neuanfang erlebten. Wir waren verzweifelt, fühlten uns in einer Sackgasse von Ohnmacht, Unsicherheit, im hilflosen Widerstreit von Liebe und Haß, von Wut und Enttäuschung, von Resignation oder Protest. Und doch kam es eines Tages zur innern Befreiung: Wir fühlten uns plötzlich nicht mehr nur ausgeliefert, einfach preisgegeben an unfaßbare Gesetzmäßigkeiten. Wir spürten: die Angst ist nicht das letzte. Sie hat mich endlich geweckt. Jetzt kann ich anders hören und sehen. Es gibt noch Hoffnung für mich.

Solche Sternstunden darf man miterleben in der psychotherapeutischen Praxis, wenn ein Mensch den Mut findet, seiner eigenen Lebenswahrheit zu begegnen. Daneben existiert auch die andere Erfahrung: Letztlich will man sich bloß beklagen, in der Hoffnung, bestätigt, ja bemitleidet zu werden – aber von einem Willen, sich selbst zu ändern, ist leider wenig zu spüren. Das sollen die andern endlich tun! Adler sagte einmal: «Man kann die Menschen nur zum Wasser führen, aber man kann sie nicht zwingen, davon zu trinken.»

Wenn wir uns nun zuerst der hellen Seite der Angstbewältigung zuwenden, tun wir dies im Bewußtsein, daß die dunkle der Mechanismen stets auch mitschwingt. Wir bleiben ja als Menschen dauernd im Spannungsfeld von Bewußt – Unbewußt, von Trieb – Geist, von Gut und Böse.

Wenn wir uns auf den *Weg der Entscheidung* begeben, so heißt dies als erstes, sich in Frage stellen zu lassen: *Wovor habe ich eigentlich Angst?* Kann ich die Angst an einem Zipfel erfassen und sie zur *Furcht werden lassen?* Oder was verbirgt sich hinter dieser lächerlichen kleinen Angst, die mich doch im Übermaß zu quälen vermag?

Was sagen meine *Körpersymptome?* Das schmerzhafte Gespanntsein im Nacken, könnte es meine Selbstüberforderung im Beruf signalisieren oder meine Unfähigkeit, das Joch etwas leichter zu gestalten? Meine Atembeschwerden – wo fühle ich mich eingeengt, wer oder was schneidet mir den Atem ab? Meine Schlafstörungen – was läßt mich nicht zur Ruhe kommen, wo halte ich mich krampfhaft fest und wage mich nicht fallen zu lassen? Der Kloß im Hals – was kann ich nicht hinunterschlucken, was müßte aus mir heraus? Verwehre ich mich einer längst fälligen Auseinandersetzung, oder wehre ich mich gegen den Schritt, noch einmal Versöhnung zu wagen? Dies sind nur einige wenige Andeutungen aus der Überfülle, die jeder einzelne bei sich selbst wahrnehmen kann. Jedenfalls können wir die Sprache unseres Körpers nicht ernst genug nehmen. Wer sich nur etwas darin übt, wird ihn bald als Helfer erfahren dürfen, selbst im Schmerz. Die Gestalttherapie von Fritz Perls (Gestalttherapie in Aktion, Stuttgart 1976) hat unserer überzivilisierten Welt mit diesem Ansatz der Selbst- und Fremdbeobachtung eine Grundvoraussetzung geschenkt, an die echten Probleme heranzukommen.

Manches scheint als Konflikt zwar offen darzuliegen, zum Beispiel die Untreue des Ehepartners – was aber ist ihre Ursache? Welches ist möglicherweise *mein Anteil?* Wodurch habe ich ihn verletzt, enttäuscht, ausgehöhlt? – Oder die Schwierigkeiten im Arbeitsteam: Liegt es wirklich nur am Chef, an seiner Charakterart, seinem Führungsstil, oder am Verhalten der Kollegen? Wo liegt mein Anteil? – Die Schwierigkeiten mit den Kindern: Sind es nur die schlimmen Kameraden, der Einfluß der

Massenmedien, unser Zeitgeist, der der Familie hart zusetzt? Wo liegt mein Anteil als Vater, als Mutter?

Bloße Feststellungen wären unfruchtbar; sie führten nur zu Minderwertigkeits- und Schuldgefühlen. Die Vergangenheit ist unsern Händen entglitten. Aber was können wir *jetzt ändern?* In den Lebensumständen, in denen wir *hier und jetzt* existieren? So leicht weichen wir dieser konkreten Fragestellung aus. Gerne machen wir die Vergangenheit verantwortlich. Trauma und Frustration kennt heute jeder! Es ist so bequem, sich ein Leben lang hinter unbewältigten Enttäuschungen zu verbergen und sich damit ein Alibi für die Gegenwart einzuhandeln. Oft hört man bei der Frage: Was möchten Sie ändern? das Hinabrutschen in die Möglichkeitsform: «Man sollte halt…, Es wäre schon gut, wenn…, Ja, aber…», und noch schlimmer: «Das oder jenes hätte eben nie passieren dürfen, aber jetzt ist es zu spät!» Diese Fixierung auf die Vergangenheit ist eine der raffiniertesten Taktiken, weil sie eine Teilwahrheit enthält. Tatsächlich, für manches kann es zu spät sein, gewisse Fehlentscheidungen kann man nicht mehr aufheben, die Konsequenzen müssen getragen werden. Es ist aber schon ein Schritt zur Lebenswahrheit getan, wenn eine *Fehlentscheidung* als solche ehrlich anerkannt wird und nicht tausend andere Gründe bemüht werden, das damalige Geschehen zu erklären. Aber selbst nach einer Fehlentscheidung stehen noch Chancen offen, sofern man sie zu suchen bereit ist. Manchmal gleichen wir erwachsenen Menschen vertrotzten Kindern mit unserer Reaktion: Wenn ich nicht alles haben kann, will ich lieber gar nichts! Die narzißtische Kränkbarkeit läßt uns oft eine unreife Primitivhaltung einnehmen, die einen echten Kompromiß nicht zuläßt. Das Mögliche verpaßt, wer alles will.

Oft können wir eine Realität nicht mehr verändern – aber unsere Einstellung dazu. Das *Annehmen des Unabänderlichen* erfolgt selten ohne einen schmerzlichen Reifungsprozeß. Solches trifft zu für eine schwere Krankheit, das altersbedingte Schwinden der Kräfte, bei Verlust lieber Menschen, Trennung, Ehescheidung, Tod. Annahme einer so gegebenen Realität schenkt jedoch Frieden. Wenn die Trauerarbeit einmal geleistet ist, hat die Angst keinen Boden mehr. Sie wird unnötig, da das seelische Gleichgewicht wiedergefunden ist. Der Ausdruck Trauer-*Arbeit* besagt, daß es dabei nicht nur um ein blindes Ausleben der Gefühle geht, sondern um ein Durcharbeiten der Situation mit der ganzen Person.

Gewisse Konflikte bedürfen oft einer *Wartezeit*, bis eine gute Lösung heranreift. Angst und Ungeduld können zur Versuchung werden, vorzeitig etwas erreichen zu wollen. Warten heißt aber nicht, nichts tun. Im Gegenteil. Der Bewußtseinsbildungsprozeß sollte dann zum Zug kommen. Bin ich wirklich überzeugt von einer guten Sache, so gerate ich nicht in Ängste wegen Widerspruch und Widerstand. Selbst lächerlich gemacht zu werden trifft nicht den Kern meiner Person, wenn auch der Schmerz nicht zu umgehen ist. Ich glaube, daß wir es nicht nur anderen gegenüber oft an Geduld fehlen lassen – wir überrennen oft auch uns selbst. Jede Vergewaltigung löst Ängste aus, auch die eigene. Wir müßten auch uns selbst mehr die Chance geben, menschlich reifen zu dürfen und nicht in einem Treibhaustempo Früchte produzieren zu wollen. Es ist zweierlei: etwas als richtig zu erkennen, und es dann auch gefühlsmäßig bejahen zu lernen.

Barrieren abbauen wird möglich durch Respektieren auch anderer Meinungen und Lebenseinstellungen. Manche extreme Haltung verliert sich von selbst, wenn genügend eigene Erfahrung den Idealismus in ein gesundes Maß führt, zeige er sich nun in einem sozial anerkannten Engagement oder einem gesellschaftsfeindlichen Protest. Dies trifft vor allem zu für manche Fragen des Generationenkonfliktes. Viele Eltern leiden an unnötigen Ängsten, die wohl verständlich sind, aber niemandem vorwärtshelfen. Wichtiger wäre ein gegenseitiges Gespräch ohne Verkrampfung. Das Ziel wäre nicht, selbst unbedingt «recht zu haben», sondern sich gegenseitig ein klein wenig besser zu verstehen.

Wer sich selbst etwas kennt, hat zum voraus eine Ahnung, wodurch er sich öfters zum Stolpern bringen wird. Welches wären wirksame *Sicherungen* gegen mich selbst? Welche Spielchen treibe ich mit meinen Ausreden? Was für Gefühlslagen und äußere Umstände werden für mich besonders zur Gefahr?

Nach diesen Vorbereitungsphasen ist der *Entscheid* fällig. Je nach Konflikt wird es sich um einen einmaligen Schritt mit den entsprechenden Konsequenzen handeln oder um eine langsame, aber stetige Veränderung. Äußere Probleme lassen sich eher in einem großen Schritt lösen, wie zum Beispiel der Wechsel einer Arbeitsstelle, der Umzug in eine andere Wohnung, der Entscheid für eine Zweit-Ausbildung. Beziehungsveränderungen hingegen wachsen meist sehr langsam. Auch bei der «Liebe auf den ersten Blick», die alles schon zu schenken scheint, beginnt eines Tages die Phase der Ernüchterung; die Angst taucht auf, der jetzt erfahrbaren Realität vielleicht doch nicht standhalten zu können: Bisherige Illusionen als solche erkennen und abbauen zugunsten echter Erfahrung, seine Ansprüche auf ein Maß reduzieren, das den Partner weder kindlich noch herrisch überfordert, ist oft recht schwer.

Was werde ich *auf die Dauer durchhalten können?* Ich kann mich doch nicht von einem Tag auf den andern ändern! Die Verhaltenstherapie bemüht sich, die Kunst der kleinen Schritte zu lehren. Ein Trainingsprogramm hilft, sich kleine Teilziele zu setzen, die einige Zeit beachtet und eingeübt werden müssen, bis man zu anspruchsvolleren Verhaltensänderungen fortschreitet. So wird beispielsweise ein kontaktgehemmter Mensch zuerst nur lernen, den Gruß anderer freundlich zu erwidern, etwas später die Lautstärke seiner Stimme etwas zu steigern, dann selbst zuerst zu grüßen, später sich selbst vorzustellen, jemand Unbekannten anzusprechen, um eine Auskunft zu erbitten. Ist dies geübt, wagt er eines Tages auch die Initiative, selbst jemanden einzuladen: Nachbarn, Berufskollegen, Verwandte, zu denen der Kontakt seit Jahren unterbrochen ist. Langsam baut sich die Erfahrung auf: Ich bin ja gar nicht mehr isoliert, ich wage doch ein Gespräch, man ist auch freundlich zu mir.

Durch die *Taktik kleiner Teilziele* für jeden Tag können

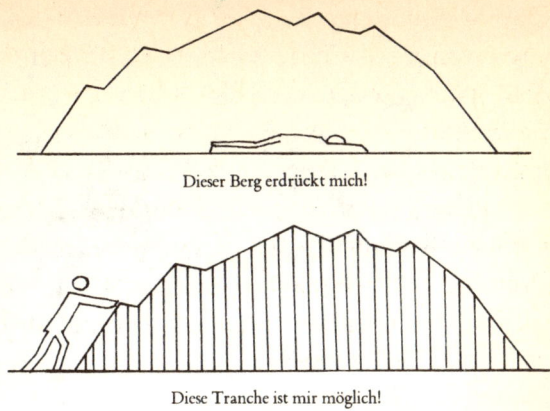

Dieser Berg erdrückt mich!

Diese Tranche ist mir möglich!

Abb. 10
Leistungsberg

auch große Arbeiten bewältigt werden, die sonst als Ganzes gesehen wie ein erdrückender Berg wirkten. Die Angst schrumpft zusammen, wenn einmal ein *Gesamtplan* erstellt ist. Er enthält Etappenziele und etwas ganz Wichtiges dazu: schöpferische Pausen! Jeder Woche, vielleicht sogar jedem Tag ist *nur ein bestimmtes Pensum*, eine begrenzte Tranche an Anstrengung zugemutet. Darauf allein habe ich mich jetzt zu konzentrieren, der übrige Berg geht mich jetzt gar nichts an! Das Gesamtkonzept hat sich mit ihm beschäftigt. Ich habe mich bloß dem Hier und Jetzt zuzuwenden (s. Abb. 10). Es ist unwahrscheinlich, wieviel Energie gespart wird mit dem Gebot an mich selbst: Kümmere dich nur um das Jetzt! Der heutige Tag ist für dich wichtig. Nimm ihn wahr! Sei leicht-sinnig. Du darfst ja leichten Sinnes sein, weil du Ziele hast. Du wirst auch nicht überfordert: das Maß ist überschaubar. Freue dich an deinen Teilerfolgen und genieße die Pausen! Ohne Pausen hättest du bald ausgepustet, die Müdigkeit würde ständig größer. Unweigerlich käme der Verleider und die Angst: Ich werde es doch nie schaffen! Wie ich dies schreibe, merke ich, daß eine Pause fällig ist. Neben einem vollen Arbeitspensum muß ich mir die Zeit zum Bücherschreiben erkämpfen. Also, jetzt Pause!

Um mich zu stärken für die Angst- und Konfliktbewältigung, können verschiedene *Hilfsmöglichkeiten* gesucht werden. Je nach Charakterstruktur und momentaner Gemütsverfassung suchen wir mehr von außen, vom Mitmenschen her, eine Stütze, zu anderen Zeiten brauchen wir die Einsamkeit, um uns selbst zu finden.

Im *Gespräch* sind wir genötigt, uns Klarheit zu schaffen über unsere Gefühle. Nur schon das Aussprechen wirkt entlastend, wenn auch vom primären Gefühl bis zum ausgesprochenen Wort manches an Inhalt verloren geht. Oft ringen wir auch vergeblich darum, für unser Fühlen die adäquaten Worte zu finden. Und doch lohnt sich eine spätere Anstrengung, wenn es jetzt nicht gelingen will. Der Zauberbann der Angst wird nicht nur im Märchen durch das erlösende Wort gebrochen. Wer kennt nicht Rumpelstilzchen, das alle böse Macht über das Kind der Königin verliert, als es dieser gelingt, seinen Namen zu nennen? Ja, *die Dinge beim Namen nennen* heißt genau hinsehen und auch unangenehme Dinge mit Anstand zur Sprache bringen. Manchmal müssen wir uns bei einem vertrauten Menschen zuerst noch etwas Mut tanken, um dann am kritischen Ort ein offenes Gespräch zu wagen. – «Hätten wir nur schon lange so offen miteinander gesprochen! Ich wußte gar nicht, daß dir dies oder jenes so Mühe macht», solche Worte kann man oft nach einer Paartherapiesitzung hören. Es stimmt nachdenklich, wieviel Hemmung und Angst selbst zwischen sich liebenden Menschen besteht. «Ich möchte ihm doch nicht wehtun», heißt es etwa. Diese Absicht mag gut gemeint sein, dahinter steckt aber eine angelernte Angst: «Die Leute wollen gar nicht die Wahrheit hören, ich beleidige sie nur durch ein offenes Wort.»

Dazu sind viele Kinder dressiert worden – und sie haben es leider nur zu gut gelernt. So enthalten Alltagsgespräche meist nur Oberflächlichkeiten, bloßes «Bla-bla», wie der Volksmund sagt. Wenn nichts Unangenehmes gesagt werden darf, finden auch positive echte Gefühle kaum mehr den Weg aus der Tiefe. Wie wirkt es entspannend für eine Familie, wenn auch die Eltern mal ganz offen dazu stehen, daß sie aus irgendeinem Grund heute mißgelaunt sind und um etwas Toleranz bitten: «Nehmt es mir bitte nicht übel, wenn mein Geduldsfaden heute besonders kurz ist. Ihr seid nicht schuld daran.»

Verspannung und Konfliktängste verlieren auch an Macht, wenn wir uns Objekten zuwenden, die unser *Herz weit und frei machen:* ein Spaziergang in den Wald, über eine stille Wiese am Morgen in der Frühe, der Blick in die unendlichen Weiten des Sternenhimmels, das verweilende Betrachten eines Baches, der Blumen und Gräser, Seen und Berge; mancher Großstädter leidet allerdings an der Eingeschränktheit seines Erholungsraums. Es stehen aber noch andere Möglichkeiten offen: Musikhören bei Kerzenlicht, Malen, eine Handarbeit, die Freude macht, etwas gestalten ohne jede Hetze, einfach dasein, verweilen.

Daseindürfen müssen viele Menschen von heute erst wieder lernen. Unsere Betriebsamkeit läßt uns zu sehr an der Peripherie des Lebens rotieren. Von den östlichen Kulturen her wurden wir wieder aufmerksam gemacht auf die entspannende Wirkung unseres Atems. Kein Mensch kann auf Vorrat atmen. Es atmet von selbst in uns in einem selbstverständlichen Rhythmus. Es tut uns wohl, den Atem von Zeit zu Zeit bewußt wahrzunehmen, besonders wenn Angst sich einschleichen möchte. Autogenes Training ist nicht nur eine Heilmethode, sondern wirkt auch vorbeugend und helfend in schweren Belastungssituationen. Kurse dazu werden vielerorts angeboten, es steht auch gute Literatur zur Verfügung, wenn man sich einarbeiten will.

Der gottgläubige Mensch hat zu allen Zeiten den Weg in die Meditation, ins Gebet gesucht und gefunden. Ein einziger Satz der Heiligen Schrift vermag uns oft die Augen zu öffnen für das, was jetzt wesentlich für uns wäre. – Daneben kennen wir wohl auch die Erfahrung der Wüste, in der weit und breit kein Wasser zu fließen scheint. Aber daß wir uns wenigstens auf die Suche machten, schenkt ein Krümchen Frieden, kostbar, gerade jetzt.

Es lohnt sich, im Lernprozeß der Angstbewältigung gelegentlich *Bilanz* zu ziehen: Wo stehe ich heute? Welche Ängste haben etwas an Macht verloren? Welche sind gleich geblieben oder haben sich gar verstärkt? Was könnte dahinter stecken?

Welche Situationen beeindrucken mich heute noch übermächtig? Wodurch konkret verliere ich mein Gleichgewicht? Könnte ich mir konkrete Situationen notieren? Wahrscheinlich bekäme ich dann den roten Faden in die Hand und entdeckte, wodurch ich mich selbst sabotiere. – Oder bei positiver Lernerfahrung: Welche Situationen gaben mir nachträglich ein gutes Gefühl? Was spielte wohl zusammen? Welche Faktoren waren für mich wichtig? Mit welcher innern Einstellung fing ich an – oder trat etwas besonderes ein, das sie verbesserte? Wie verhielten sich dabei meine Mitmenschen? Gibt es für mich Menschen, die ich als Angstbefreier empfinde, warum wohl? Kann ich von ihnen etwas lernen?

Manchen Ängsten können wir *etwas vorbeugen*. Damit ist ausgedrückt, daß wir sie selten voll beseitigen, aber doch in gewissem Grade leichter damit umgehen können.

Viele Erwartungsängste erreichen nie ein Panikausmaß, wenn wir uns einer angstmachenden Situation gegenüber genügend vorbereiten: Welche Ziele möchten wir bei einer allfälligen Auseinandersetzung erreichen? Was dürfte das Maximum an positiver Erwartung darstellen? Was wäre die unterste Grenze, mit der wir uns zufrieden geben könnten? Welche Variante wird vermutlich eintreffen? Oder ist auch ein Scheitern vorzusehen? Was könnte dies schlimmstenfalls für mich und für andere bedeuten?

Auf diese Weise haben wir uns relativ realistisch eingestimmt; Möglichkeiten und Grenzen können so wirklichkeitsgerechter gesehen werden. Es lohnt sich auch, die Begründung für die erhofften Ziele wohl zu überdenken: Sind meine Argumente sachlich seriös fundiert, sind auch die nötigen menschlichen Rücksichten gewahrt? Vielleicht notiere ich mir die wichtigsten Punkte, die für meinen Standpunkt sprechen. Welches dürften mögliche Gegenargumente sein? Was könnte ich darauf erwidern? Wie wird vermutlich mein Gesprächspartner reagieren? Haben wir genügend Zeit, um behutsam ein heikles Thema anzugehen? Oder besteht schlimmstenfalls die Möglichkeit, die Auseinandersetzung zu verschieben?

Oft fürchten wir uns nicht nur vor kämpferischen Auseinandersetzungen. Neue, ungewohnte Situationen, größere Veränderungen wie der Wechsel des Arbeitsplatzes, des Wohnortes lassen Angst aufkommen, die oft von lähmender Depression begleitet sein kann. Hier könnten klarere Informationen manches erleichtern. Informationslücken werden oft zu Angstherden: die Phantasie beginnt sie auszumalen. Ersetzen wir sie doch selbst durch die Realität, indem wir ruhig und höflich Rückfragen stellen, Ergänzungen anfordern; denn «was ich nicht weiß, macht mir (auch) heiß», das heißt, es macht mir Angst, unnötigerweise.

Ob die Angst für mich zu einer Lebensherausforderung

wird – oder bloß zur lästigen Störung, hängt letztlich von meiner gesamten Lebensauffassung ab. Vergeude ich meine Lebenskraft mit Jammern, Klagen, mit Rückblicken in die Vergangenheit, an der ich doch nichts ändern kann – oder übergebe ich mich in die Hände eines Höhern, der das Weltall regiert, dessen Gesetze auch in mein Herz geschrieben sind? Ich müßte nur hinhören. Das heißt nicht, in blindem Optimismus sich einem magischen Schicksal überlassen, nein, sich verantwortlich in Einklang bringen mit dem Ewigen, das jetzt schon, auch in kleinen Dingen, in mein Dasein hineinklingt.

5. In der Angstmühle

Wer sich der Herausforderung der Angst nicht stellt, ihre Signale überhört, riskiert, eines Tages von hinten angefallen zu werden. Ein plötzlicher Angstanfall oder eine chronisch zunehmende Ängstlichkeit packen ihn. Die eigentliche Angstursache vermag er nicht zu entdecken, sie scheint sich hinter kleinern und größern Angstmachern zu verstecken. Dieses Ausgeliefertsein dem Unerklärlichen gegenüber ist schlimmer als der Schrecken vor einer unangenehmen, belastenden Realität. Ihr gegenüber könnte man sich vorsehen, Maßnahmen treffen, kämpfen. Jetzt aber fühlt man sich unfaßbaren Kräften ausgeliefert, die Orientierung ist verlorengegangen. Es scheint keinen Ausweg zu geben: man ist in die Angstmühle gefallen. *Ich habe nicht mehr Angst – die Angst hat mich!* Es entsteht das Gefühl, wie eine Maus der Katze ausgeliefert zu sein, grausam genarrt von vergeblicher Hoffnung.

Manche Menschen können in der Angst zermahlen werden in schweren neurotischen und psychotischen Zuständen, erfahren sich wie fremdgesteuert, vermögen ihr Ich kaum mehr zu spüren. Sie entwickeln in Extremzuständen oft Zwangsrituale, fügen sich selbst Schmerzen zu durch Haare-Ausraufen, Haut-Wegreißen, Kopf-Anschlagen, Wunden-Bohren; der Körperschmerz ist erträglicher als die Angst vor Verlassenheit und Fremdheit gegenüber der eigenen Person, dem eigenen Körper.

Auch bei einer gesunden seelischen Struktur können unter besonderen Belastungen oder schockartigen Frustrationen Erlebnisse verdrängt und ins Unbewußte abgeschoben werden. Es entstehen Komplexe, die ihre Eigengesetzlichkeiten entwickeln. Was der Mensch nicht mehr durch bewußten Entscheid (oder nur noch zu einem geringen Teil) zu bewältigen vermag, wird nun Antrieb für verschiedene Mechanismen.

Die Abwehrmechanismen suchen den inneren Leidensdruck zu erleichtern, gewähren der Angst einen gewissen Abfluß; sie führen aber auch zur Entwicklung eines Charakterpanzers, an den sich der Mensch nur zu sehr gewöhnt. Angstbewältigung auf dem Weg der Mechanismen wird mit Einbußen an Freiheit bezahlt. Was kann dies konkret heißen? – Ich sehe die Welt eingeengt, bin festgelegt auf gewisse Vorurteile. Manche wichtige Dinge übersehe ich regelmäßig, es ist, wie wenn mir die Antenne dazu verlorengegangen wäre. – Selbstverständlich leidet jeder Mensch an einem gewissen «blinden Fleck», ist seelisch kurzsichtig, wo Weitblick, Vorsicht und Umsicht am Platz wären. Bei seelischen Störungen nimmt diese Einengung des Wahrnehmungsfeldes ein bedeutend größeres Ausmaß an: Das Positive der Lebenssituation, der Mitmenschen, scheint total überdeckt zu sein von Enttäuschungen und Ängsten. Man hat die Übersicht verloren und sieht die Welt verschoben, verengt, verzerrt. Falsche Akzente werden gesetzt.

Um so mehr Macht gewinnen jetzt die Mechanismen. Einer der harmlosesten, wenigstens anfänglich, ist die *Vermeidung*. So werden *aus Angst vor der Angst* gewisse Konfliktsituationen einfach umgangen. Angsteinflößenden Menschen geht man aus dem Weg, oder man übersieht sie, wenn die Begegnung unerwartet fällig wäre. Der Rückzug ins Schneckenhaus oder in den vornehmeren Elfenbeinturm erscheint als komfortable Lösung. – Ähnlich können wir uns flüchten vor Situationen, in denen wir «Farbe bekennen» müßten.

«Laß andere die Kastanien aus dem Feuer holen, verbrenne dir doch nicht die Finger daran!» Solche Elternbotschaften verleiten schon früh zu Taktiken, andern die Belastungen zuzuschieben, sich der Ängste und der Verantwortung zu entledigen. – Entsteht ein Mißerfolg, kann mit weisem Lächeln bemerkt werden: Es war nicht anders zu erwarten! Winkt ein Erfolg, bleibt immer noch die Möglichkeit, im letzten Moment ins richtige Boot zu springen, das man angeblich zum voraus schon als das seine gewählt hatte.

Auch kleine unangenehme Situationen können zum Vermeiden führen. So werden z. B. unangenehme Arbeiten hinausgeschoben, bis schließlich der Streßdruck einen in die Zange nimmt. Anschließend klagt man: Ich bin überfordert! Daß man sich diese «Mühle» selbst arrangierte, wird nicht zur Kenntnis genommen. Auch Orte können mit dem Vermeidungsmechanismus belegt werden. Schon die Erinnerung an ein belastendes Ereignis vermag zu tabuisieren: Nie mehr gehe ich dorthin! Dieser Ort, dieses Quartier ist unausstehlich!

Der Vermeidungsmechanismus führt in vielen Fällen zur *phobischen Erweiterung*. Die konkret traumatische Angst von einst hat längst ihre Grenzen überschritten. Sie ist hinübergesprungen auf ähnliche Objekte und engt das Leben unerbittlich ein. Nach einem Auto-Selbstunfall mit geringfügiger Verletzung ist Herr B. zu keinem Selbstfahren mehr zu bewegen. «Vielleicht später!» meint er. Leider hat er den guten Moment verpaßt, nämlich möglichst sofort wieder sich ans Steuer zu setzen. Auch als Beifahrer gerät er in panikartige Zustände, schließlich muß er das Autofahren überhaupt aufgeben. Ähnliche Einschränkungen legen Treppen-, Lift-, Bahn- und Flugzeugphobien auf.

Aus Angst vor Veränderung vermeidet Frau C. eine Beförderung im Betrieb. Sie liebt ihr kleines Büro, kennt sich aus in all ihren Arbeiten; sie spürt nicht, wie sehr sie zum Routinier erstarrt ist. Sie vermeidet das Risiko des Neuen, um leider erst nach Jahren zu merken, daß sie in einer Zwangsjacke steckt. Da haben sich bereits *Somatisierungen* eingestellt: der seelische Leidensdruck ist auf den Körper (soma) übergegangen. Sie leidet an Asthma und an verschiedenen *hypochondrischen* Befürchtungen: Ob nicht ein Gehirntumor hinter ihrem gelegentlichen Kopfweh steckt? Trotz Röntgen und neurologischer Untersuchung läßt sie sich nicht vom Gegenteil überzeugen.

Der Mechanismus der *Verleugnung* führt zur teilweisen Nicht-Wahrnehmung der Realität. Kuiper weist darauf hin (Die seelischen Krankheiten des Menschen, Bern 1976, S. 32), daß dadurch der Mensch eine Art

Abschirmung erfährt, weil die volle Realität im Moment zuviel Angst auslösen würde, zum Beispiel die tödliche Krankheit wird vom Patienten selbst nicht als solche erkannt. Verhängnisvoll können Verleugnungen enden, wenn ein möglicher Liebespartner in seinen destruktiven Eigenschaften nicht gesehen werden will, weil in der Torschlußpanik unbedingt eine Beziehung erhascht werden sollte. Heiratsschwindler und Hochstapler profitieren vom Verleugnungsmechanismus ängstlicher einsamer Mitmenschen.

Anna Freud stellt in ihrer grundlegenden Schrift «Das Ich und die Abwehrmechanismen» zwei Hauptarten der Verleugnung bei Kindern dar: Die Verleugnung *in der Phantasie* gestattet, unerwünschte Realität, z. B. die eigene Schwäche, zu ersetzen «durch die Vorstellung vom umgekehrten Sachverhalt. So wird der böse Vater in der Phantasie zum schützenden Tier, das ohnmächtige Kind zum Beherrscher mächtiger Vaterfiguren» (Kindler TB, 1977, S. 63). So phantasiert das Kind den Vater zum mächtigen, aber zahmen Löwen, der alle andern erschreckt und nur seinen Jungen liebt, oder zum anfänglich bösen Räuber, der den Zirkusdirektor-Sohn, der auch als Tierbändiger arbeitet, durch einen Schuß auf die gezähmten Bestien stört, worauf er bestraft und erst nach drei Jahren Gefangenschaft gebessert entlassen wird.

Die Verleugnung *in Wort und Handlung* erlaubt dem Kind, unerwünschte Realität wegzuagieren und *durch ihr Gegenteil darzustellen*. Im Rollenspiel ist es König, der Befehle erteilt und selbst nicht gehorchen muß,

Lehrer, Polizist, Arzt, Kapitän, Cowboy, vor dem man Respekt hat, Prinzessin, Königin, Zauberin, Hexe, Pilotin, die bewundert oder gefürchtet wird.

Was für das Kind unbewußte gesunde Angstabwehr bedeutet, kann für den Jugendlichen nur noch ein zeitweiliges Flüchten aus der Realität, für den Erwachsenen hingegen ein Zeichen einer schweren psychotischen Erkrankung sein. «Unter dem Eindruck der Schockwirkung, etwa eines plötzlichen Objektverlustes, leugnet (das Ich) den realen Tatbestand und ersetzt ein Stück unerträglicher Wirklichkeit durch die Produktion eines erwünschten Wahngebildes» (Freud, A.: a.a.O.). Die Formen des kranken Wahns liefern oft den Schlüssel zur Wiederauffindung der verlorenen Realität (Greene, H.: Ich habe dir nie einen Rosengarten versprochen, Stuttgart 1973 / Cardinal, M.: Schattenmund TB, Reinbeck b. Hamburg 1979).

Die *Verdrängung* wird von vielen Autoren als Grundabwehrmechanismus betrachtet. 1894 legt Freund in seiner Studie «Die Abwehr-Neuropsychosen» zum erstenmal diese Abwehr dar als ein Sträuben des Ich gegen unerträgliche Vorstellungen und Affekte. Auch Anna Freud betrachtet die Verdrängung als den gefährlichsten und wirksamsten Mechanismus, weil durch die Abspaltung vom bewußten Ich ganze Bereiche des Seelenlebens dem Menschen entfremdet werden. Er verliert den Zugang zu gewissen Realitäten und den damit verbundenen Gefühlen. Seelische Traumata sowie verbotene Triebwünsche und Über-Ich-Ängste sammeln sich zu einem negativ geladenen Energie-Potential. Das Unbewußte setzt noch besondere Kräfte ein, die sogenannte Gegenbesetzung, um das Abgespaltene im Untergrund zu behalten. Gelegentlich verrät es sich durch Fehlhandlungen im Versprechen, Verschreiben, Vergessen, Verunfallen. Die therapeutische Arbeit sucht das Verdrängte zu erfassen und wieder ins Bewußtsein zu heben durch verschiedene Methoden: freie Assoziation, Bearbeitung der Träume und Tagphantasien, Erfassen der Körpersprache und der Körpersymptome, Analyse des Widerstandes gegen die Bewußtwerdung des Verdrängten und der Gefühlsübertragung gegenüber dem Therapeuten. Die Primärtherapie versucht unmittelbar an die verdrängten Affekte heranzukommen durch Schreien, szenische Darstellung, Körperarbeit.

Aus der Verdrängung erwachsen eine ganze Fülle weiterer Abwehrmechanismen. Die gestaute Energie entlädt sich auf verschiedene Weise:

– Bei der *Verkehrung ins Gegenteil* werden verdrängte unerlaubte Gefühle in ihren Gegensatz umgekippt: Das abgelehnte ungewollte Kind wird besonders aufmerksam gepflegt, Haß gegenüber dem Ehepartner markiert sich als Überfürsorge. Todeswünsche gegenüber Eltern oder rivalisierenden Geschwistern erscheinen als Überängstlichkeit um ihr Wohlbefinden. So muß z. B. wegen jeder kleinen Verspätung telefoniert werden.

– Die *Reaktionsbildung* ist ein in der Entwicklung später enstehender Abwehrmechanismus: Verdrängte Verachtung verwandelt sich in Überfreundlichkeit gegenüber den abgelehnten Personen, eigene Überheblichkeit ver-

Abb. 11
Test – Die Familie in Tieren dargestellt:
Die überfreundliche Mutter legt sich als Schlange um das
Pferd (Vater) und dirigiert insgeheim alles

kauft sich als gekonnte Bescheidenheit, Feigheit manifestiert sich in imponierendem Mut. Der Volksmund
kennt gegenüber solchen Lebenslügen treffende Aus-
drücke wie scheiß-freundlich, huerisch-keusch (hue-
risch = hurenhaft), gottlos-fromm (s. Abb. 11 u. 12).
– Die *Aggression* tritt die Flucht in den Angriff an durch
Besserwisserei, Kritiksucht, Nörgelei, Gewalt, Unterdrückung anderer, besonders der Schwächeren, Drohungen, Erpressungen – oft mit liebevoller Stimme aus-
gesprochen – sollen gefügig machen. Intrigen im kleinen
oder größeren Lebensraum werden zum bösen Spiel
(Berne, E.: Spiele der Erwachsenen, Hamburg TB), in
dem sogar ein Rollenwechsel möglich wird: Der Ver-
dächtiger und Ehrabschneider springt der gleichen Person gegenüber später in die Rolle des Verteidigers, des
fürsorglichen Kollegen oder gibt sich auch als Opfer aus.

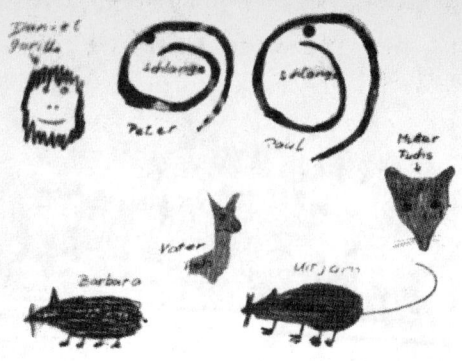

Abb. 12

Test – Die Familie in Tieren dargestellt: Die betont
bescheidene Mutter wird als Fuchs symbolisiert;
der von ihr verdrängte Vater erhält Mittelpunktstellung

In der Affektverwirrung weiß er oft selbst nicht mehr,
wo er steht. Es kommt zur äußersten Selbstentfremdung. Mancher Mord oder Selbstmord geschieht als Ex-
tremreaktion in einer plötzlichen Affektüberflutung.
– Die *Regression* läßt nach rückwärts fliehen. Am bekanntesten ist der Verhaltensrückfall des erstgeborenen
Kindes, wenn es sich aus seiner Mittelpunktposition
verdrängt fühlt, weil jetzt ein Geschwisterchen ange-
kommen ist: Es will wieder flüssige Nahrung, beginnt
von neuem zu nässen und einzukoten, redet nur noch in
einer verwaschenen Baby-Sprache.
Schulkinder und Erwachsene fallen auf durch Lei-
stungsrückfall, infantile Abhängigkeit und scheinbare
Dummheit. Die Haltung der Passivität erlaubt es, die
eigene Verantwortung auf andere oder auf das «Schicksal» abzuschieben. Masochistische Erwartung provoziert

den Partner oft bis zum äußersten; schlägt er endlich drein in Worten oder in Taten, hat man seine Rolle als «Opfer» gefunden. Mancher flüchtet unbewußt in die Krankheit, weil er vielleicht in der Kindheit nur als Patient liebevolle Zärtlichkeit erfahren durfte.

– In der *Progression* wird die Flucht in ein Übermaß angetreten. Der jugendliche Fanatismus, überbetonte Einseitigkeiten des Lebensstils, zwangshaft erstrebtes Nachholen bisher verpaßter Lebenschancen in der Lebensmitte dienen auch der unterschwelligen Angstbewältigung. In der *altruistischen Abtretung* werden eigene Wünsche, die man sich selbst nicht zu erlauben wagt, bei andern vorangetrieben. So weiß ich um das Schicksal einer Putzfrau: Sie leistet sich selbst keine eigene Wohnung, begnügt sich bloß mit einem Zimmer: ihr Erspartes nötigt sie jedoch ihren zwei Kindern auf, sich je ein Haus zu bauen. Durch nichts ließ sie sich bewegen, die für sie eingebaute Wohnung zu beziehen.

Frustrationen in der frühen Kindheit können zur *Spaltung* des Liebesobjektes führen: die gute Mutter, die die Bedürfnisse befriedigt, die schlechte Mutter, die einen im Stich läßt oder als Hexe fast auffrißt (Klein, M.: Gute Mutter – böse Mutter, München 1975). Unerträgliche Beziehungsängste vermögen die Ambivalenz nicht auszuhalten. Es ist kein «sowohl – als auch» möglich, bloß ein primitiv gebliebenes «alles oder nichts». So wird das Vorstellungsbild des Partners gespalten in «Mann-Held» und «Mann-Dämon». Dazu der Traum einer Frau, der öfters wiederkehrte: «Ich bin diese Nacht wieder fast erstickt. Wenn ich im Traum ausatme, wird mein Mann ein Teufel, beim Einatmen verwandelt er sich in einen Engel; darum halte ich jeweils den Atem an.»

– Die *Isolierung* oder Abspaltung verrät sich durch das Fehlen einer adäquaten Gefühlsäußerung bei der Mitteilung oder beim Anhören tiefster Erlebnisse. Der Zwangsneurotiker und gewisse Psychopathen fallen am meisten auf durch ihre Gefühlsabgespaltenheit. Die monotone Stimme, die dürftige Gestik erlaubt keine lebendige Äußerung, etwas Roboterhaftes wirkt unheimlich auf die Umwelt.

– In der *Projektion* werden verdrängte Ängste und Minderwertigkeitskomplexe als negative Erwartungen, Vor-Urteile auf Menschen und Dinge geworfen; dort werden sie in unrealistischer Weise vergrößert erlebt, daher bekämpft oder gemieden. Wir kennen das Bibelwort: «Den Balken im eigenen Auge siehst du nicht, aber den Splitter im Auge deines Nächsten.» – Nicht minder verhängnisvoll wirkt sich die Wunschbildprojektion aus: sie vergewaltigt Kind, Partner, Kollegen in Faszination und Überforderung; auch Institutionen, wie Staat und Kirche, können so in eine Erlöser- oder in eine Sündenbockrolle hineingedrängt werden.

– Die *Introjektion* stellt in gewissem Sinne das Gegenteil der Projektion dar. Das eigene Ungenügen und die Angst davor wird übertönt durch die Aneignung fremder Werte. Unbewußter Ideendiebstahl, Identifikation mit erfolgreichen Verwandten und Bekannten, man «schmückt sich mit fremden Federn». Großartige Statussymbole dienen zur Selbstaufwertung: «Hast du was, so bist du was!» – Die Angst vor Autorität oder stärkeren Rivalen wird unbewußt oft abgewehrt durch den Mechanismus, der als *Identifikation mit dem Aggressor* bezeichnet wird. Zuerst wurde gegen Ungerechtigkeit und Unterdrückung noch protestiert, bald setzte sich aber die Erkenntnis durch: Du schweigst besser, passe dich an! Die so verdrängte Aggression wird dann Schwächeren gegenüber ausgelebt. Man hat vom Aggressor etwas gelernt: Das geprügelte Kind schlägt die Puppe oder kleinere Kinder, der schikanierte Angestellte unterdrückt den Lehrling.

– Die *Idealisierung* macht kritiklos. Bewunderte Gestalten und Ideologien dürfen nicht hinterfragt werden. So stellen wir in Religion, Kunst und Wissenschaft oft fest, daß die Jünger sich als sicherer gebärden als der Meister. Wer sich einem System verschrieben hat, neigt dazu, seine Mängel zu übersehen. Auch im sozialen Alltag ertappen wir uns bei Idealisierungsvorgängen. Bei sympathischen Menschen fallen uns viele Gründe ein, ihre Schwächen als Stärken umzudeuten, Gewöhnliches als außerordentlich aufzuwerten. Die Kommunikationsforschung hat nachgewiesen, daß eher eine Meinungsänderung durch Idealisierung erfolgt, als daß die Denkfreiheit mit Einsamkeit bezahlt wird.

– Nicht erreichbare Ziele werden durch den Mechanismus der *Entwertung* ihrer frustrierenden Kraft beraubt. Wie der Fuchs aus La Fontaines Fabel findet man die zu hoch hängenden Trauben als sauer. Was nicht der eigenen Selbstbestätigung dient, wird als «minderwertig» übersehen oder abgelehnt. Auch Fremdes, Ungewohntes unterliegt oft aus Angst dem Entwertungszwang. Der Kampf der Geschlechter, die Anima- und Animusproblematik, wäre im Einzelleben wie in der Emanzipationswende der Gegenwart schon längst zu einem reiferen Entwicklungspunkt gelangt, wenn gegenseitig ehrlicher mit der Angst umgegangen würde.

– Der Mechanismus der *Rationalisierung* weiß in konkreten Angstsituationen geschickt auszuweichen. Glaubhafte Erklärungen werden als Vorwand benützt, die echten Motive geleugnet. So wird die Ratio, die Vernunft, zum Jongleur der momentanen Bedürfnislage erniedrigt. Subtiler dürfte noch eine andere Form der Rationalisierung sein: Eine persönlich empfundene Angst wird nicht auf ihren persönlichen Hintergrund befragt; sie wird zum intellektuellen Problem erhoben. Aus Distanz läßt sich darüber theoretisieren, denn Theorie schützt oft vor Leben.

– Noch ein letztes: Die unbewältigte Angst kann zum *Vitalsturz* führen. Sie reizt den Körper auf zu überstarken Triebbedürfnissen, die sofort und im Übermaß befriedigt werden müssen: Freßlust, Trinken bis zum Rausch, Sexualgenuß ohne differenzierte Partnerwahl. Im Drogen- und Pillenkonsum, in waghalsigem Klettern wie in Autoraserei wird Betäubung gesucht – das Problem bleibt aber nach wie vor ungelöst.

Ob es uns paßt oder nicht, wir werden immer wieder vor die Frage gestellt: Lebe ich – oder werde ich gelebt? Wage ich Entscheidungen, oder überlasse ich meine Freiheit dem Zwang der Mechanismen?

6. Sicherheit – Besitz oder Prozeß?

Der *Selbsterhaltungstrieb* treibt die Tiere an, sich in Nestern, Höhlen, von Artgenossen bewachten Territorien gegen Feinde abzusichern, durch Farbanpassung an die Umwelt mit ihr zu verschmelzen und daher gar nicht mehr wahrgenommen zu werden. Viele Tiere legen auch *Vorräte* an und haben unter sich ein hochgradiges *Informationssystem* entwickelt. Instinkthaft sichern sie sich gegen Feinde von außen; gegenüber dem stärkeren Gegner aus den eigenen Reihen erreichen sie ihr Überleben durch *Demutshaltung.* Wie die Verhaltensforschung nachweist, wirken beim stärkeren Tier *Tötungshemmungen:* Es kann nicht zubeißen, wenn das unterlegene Tier in Unterwerfungshaltung die Schlagader zum Biß hinhält (Lorenz, K.: Das sogenannte Böse, Wien 1968).

Trotz aller Schutzmechanismen werden dennoch die einen Tiere Beute der andern. Ein Teil ihres Lebenssinnes besteht offenbar darin, andern Lebewesen als Nahrung zu dienen, also einer höhern Ordnung dienstbar zu sein. Die Sicherung der eigenen Existenz scheint dort ihre *Grenzen* zu haben, wo es um das Überleben der Art, um eine größere *biologische Ganzheit* geht.

Auch der *Mensch* wird vom Selbsterhaltungstrieb zur Sicherheitssuche angeregt. Es stehen aber *nur geringe*

Schutzreflexe und Instinktschemata zur Verfügung; wir sind gegenüber der tierischen Ausrüstung «Mängelwesen», wie Gehlen dies ausdrückt. Aber wir besitzen einen freien Geist, sind in unserer Wahrnehmung nicht eingeengt auf Signalreize, unser Spektrum geht weit über das Notwendige hinaus. Wir vermögen aus der Vergangenheit zu lernen, dank der Erfahrung die Zukunft zu planen und die Gegenwart kritisch zu beurteilen. So können wir zum Beispiel aus einer Sicherungssuche aussteigen, sie abändern, wenn sie uns nicht mehr als vernünftig erscheint. Wir setzen uns selbst unsere Ziele, die weit über das bloße Vegetieren hinausgehen.

So sucht auch der Mensch von heute Lebensreichtum, Entfaltung seiner Person und der Gemeinschaft. Die Unmöglichkeit, als einzelner oder als Kleingruppe sich genügend vor Hunger, Kälte und Hitze, vor Krankheit und Tod, vor Feinden aller Art schützen zu können, hatte ihn von jeher zur Solidarisierung mit andern getrieben. Er wollte und will auch heute nicht nur Sicherung *gegen* unmittelbare Gefahren, er möchte auch Schutzmaßnahmen treffen *für* die Erhaltung und wenn möglich für die Verbesserung seiner Lebensqualität.

Welches sind die Werte, die uns als *besonders schützenswert* erscheinen? Nach der Maslowschen *Bedürfnispyramide* (Maslow, A.: Motivation und Persönlichkeit, Olten 1979) stehen im Fundament die Vitalbedürfnisse: ein gesicherter Lebensraum, in dem wir uns bewegen können; Atmen, Essen, Arbeiten und Ausruhen erfahren wir als lebensnotwendig.

Wir bedürfen auch der Sicherung in einem gewissen

Rhythmus, einer Orientierung in Raum und Zeit, die Erfahrung von Möglichkeiten und von Grenzen.

Persönliche Zuwendung, Erlebnisse der Geborgenheit sind uns notwendig, damit wir auch selbst tragfähige Beziehungen aufbauen können in Freundschaft und Liebe, Vertrauen zu uns selbst und zu andern gewinnen können.

Ein gesunder Geltungsdrang sucht in Leistung und verantwortlicher Lebenseinstellung vor sich selbst und vor andern Achtung, Respekt und Anerkennung zu finden.

Unser Intellekt möchte nach neuer Erkenntnis Ausschau halten, forschen, verstehen, experimentieren, nicht nur praktisches und theoretisches Wissen aufnehmen; er möchte kreativ eigene Wege des Denkens wagen, die Offenheit auf die Welt hin steigern: auf Menschen, Dinge und Ideen.

Im ethisch-moralischen Bereich drängt es uns, dem Guten näherzukommen durch den Vollzug unseres Lebens. Wir möchten uns engagieren für wertvolle Ziele, Halt erfahren dürfen in einer Wertordnung, die zwischen Gut und Böse unterscheiden hilft.

Unsere religiöse Dimension stellt Fragen nach einem letzten Sinn. Wir suchen eine Antwort zu finden auf die Erfahrung von Leid, Tod, Ungerechtigkeit in dieser Welt. Statt Absurdität, Sinnlosigkeit ersehnen wir Hoffnung.

Spüren wir, wie die *Sicherheit dünner* wird, *je höher hinauf wir in der Wertskala steigen?* Materielles läßt sich relativ noch berechnen. Im Fühlen und Denken erleben wir höchstens noch Wahrscheinlichkeiten. Der Zweifel läßt manches als fragwürdig erscheinen, wir spüren schmerzlich das Bruchstückhafte unserer Erkenntnis und unserer Liebe.

Gelegentlich meinen wir gewisse *Sicherheiten als Selbstverständlichkeiten* zu erfahren, so zum Beispiel die seit Jahren dauernde Liebe eines guten Partners, die Treue und Ehrlichkeit von Menschen, mit denen wir zusammenarbeiten dürfen. Was uns kaum mehr auffällt, weil es eben so sicher und selbstverständlich erscheint, nehmen wir als Wert kaum mehr wahr. Wir haben uns daran gewöhnt. So schätzen wir auch die tägliche Arbeitsmöglichkeit und Gesundheit oft erst wieder, wenn wir eine Phase der Krankheit durchgemacht haben.

Offenbar wäre eine absolute Sicherheit für uns kaum von gutem. Wir scheinen ein gewisses Maß an Unsicherheit und Angst zu brauchen, um lebendig zu bleiben.

Und doch jagen wir gelegentlich einer Sicherheit nach, die es in dieser Welt nicht geben kann. Wir wünschen *Sicherheit als Dauerzustand,* als Glückserfahrung. Es ist das Kind in uns, das einst in symbiotischer Urgeborgenheit bei der Mutter lebte, in ihrem Schoß vor allem beschützt war. Oder müßte angesichts des möglichen Schicksals der Abtreibung des Embryos oder der entsprechenden Versuche danach noch weiter zurückgefragt werden: Was war vor der Zeugung? Eine Frage, die mit Platon auf eine Vorexistenz im Reiche der Ideen zurückführen könnte, auf einen archetypischen Urgrund, aus dem die Sehnsucht nach Sicherheit und Leben stammt. Damit stünden wir vor der philosophischen und religiösen Frage: Wo liegt der Ursprung unseres Lebens? Was heißt überhaupt Leben? *Verträgt sich Leben mit Sicherheit?*

Unweigerlich stoßen wir hier auf das Paradoxe, das in sich *Widersprüchliche der Sicherheit:* Sicherheit ist ein Stück weit *Voraussetzung,* um leben zu können; anderseits könnte sie auch das Leben *ersticken.* Würden wir nicht eingelullt in seelische und geistige Faulheit? Entstünde nicht eine Art Schlaraffenland-Situation, in der wir es uns recht bequem einrichteten? Aber wie lange dauerte das Glück? Käme es nicht recht bald zum Erlebnis der Langeweile? Brauchen wir nicht die Herausforderung der Unsicherheit, um wiederum wach zu werden für einen neuen Entwicklungsschritt?

So erleben wir das Eigenartige: Je mehr wir Sicherheit krampfhaft für uns selbst erzwingen wollen, desto mehr sind wir in Gefahr, sie zu verlieren. «Wer sein Leben gewinnen will, wird es verlieren.»

Sicherheit läßt sich nicht als Besitz horten, über den man verfügen kann. Sie ist ein königliches Kind des Lebens – stets neu zu suchen und zu erkämpfen. Die Illusion, nun endlich sicher zu sein, läßt beim *einzelnen* einen Charakterpanzer entstehen, der keine Veränderung mehr zuläßt. Er glaubt, «alles» gut zu wissen und zu können – und ist doch daran, sich selbst zu zerstören durch eine zwanghafte Selbstbeschränkung.

Was für den einzelnen zutrifft, kann auch für eine *Gemeinschaft* gelten: Man bleibt in Traditionen hängen, die ursprünglich Schutz und Hilfe bedeuteten, heute aber leider oft nur noch die verhängnisvolle Rolle von Vorurteilen spielen. So ist schon mancher Selbstzerstörungsprozeß in Gang gekommen. Man war zu bequem, zu gedankenlos, vielleicht auch zu eitel, die Zeichen der Zeit wahrzunehmen, Sicherheiten, die zu Pseudosicherheiten geworden sind, endlich fallenzulassen. Daran ist manche ursprünglich gute Sache zugrunde gegangen, weil man nicht bereit war zur Wandlung. «Die Satten werden leer ausgehen», heißt es.

In diesem Zusammenhang ist bedeutsam, daß das *Experiment* in unserer Kultur seinen besonderen Stellenwert gefunden hat. Vielleicht bildet die große Experimentierfreudigkeit ein gutes Gegengewicht gegen die Überorganisation, gegen das passive Rädchen-Dasein, worin man sich nur verwaltet fühlt. Also eine Aufforderung zur innern Freiheit.

Für *Bildung* und Weiterbildung werden viele Mittel investiert. Die explosionsartige Zunahme des Wissens in wenigen Jahren macht es den meisten Menschen klar, daß erworbene Fachkompetenz in Kürze verlorengeht, wenn sie nicht laufend durch neues Wissen und Können ergänzt wird. Niemand kann mehr sagen: Bitte, ich besitze ein Diplom, ich habe mein Rüstzeug! Nach dieser ersten Treppenstufe muß die Weiterbildung einsetzen, wenn man weiterhin ernst genommen werden will. – Manche Berufsbilder verändern sich auch. Unsere Kultur wird, je länger je mehr, differenzierter. Die Zahl der Spezialisten nimmt zu, die auf immer engerem Gebiet immer mehr wissen; dabei sind sie in Gefahr, zu Fachidioten zu werden. Die Möglichkeit der *Fachidiotie* ist in jedem Beruf mehr oder weniger gegeben. Einen gesunden Gegenpol dazu bildet die Erwachsenenbildung, die sich auch der Allgemeinbildung zuwendet.

Der *Pluralismus* unserer Gesellschaft dürfte mit eine Folge des breiteren Informationsstandes und der Verfeinerung des Wissens sein. Manches, was früher als «sicher» und einzig richtige Lösung erschien, erweist sich heute als *Pseudosicherheit.* Wir lernen akzeptieren, daß es zur gleichen Fragestellung verschiedene Antworten gibt, weil die Wirklichkeit ja stets von verschiedenen Standpunkten her betrachtet werden kann und daher verschiedene An-Sichten darbietet.

Während ein Teil der Bevölkerung noch einer naiven Wissenschaftsgläubigkeit huldigt und Experten als fast irrtumslose Sicherheitsgaranten wertet, hat ein anderer Teil entdeckt, wie relativ all unsere Erkenntnisse sind. Zu einer einigermaßen gesunden Gesamtschau gelangen wir nur im Versuch, nebst dem unseren auch alle anderen Standpunkte zu respektieren. *Toleranz* sagt dann bedeutend mehr aus als bloß Duldung Andersdenkender, sie wäre mehr eine Aufforderung, sich zu öffnen für jedweden Zugang zur Welt der Werte. «Das Wahre ist das Ganze», dieses uralte philosophische Prinzip wird für uns moderne Menschen zum besondern Anruf im Denken und Handeln.

Welche Akzente zeigt die Sicherheitssuche in der heutigen Gesellschaft? Da scheinen wir auf große *Widersprüche* zu stoßen. Noch nie wurde in der Kulturgeschichte so viel unternommen, die *äußere Sicherheit* in Privat- und Wirtschaftsleben zu schützen, und noch nie fühlte sich der einzelne Mensch *innerlich* so sehr *verunsichert.*

Wir leben im Zeitalter der Versicherungen: Der Drang, sich gegen möglichst alle Risiken abzusichern, zeigt, wie sehr unser Angstpegel gestiegen ist. Wir wissen zwar um die bloß relative Schutzfunktion der meisten Versicherungen. Am deutlichsten kommt dies in der Lebensversicherung zum Ausdruck, die ausbezahlt wird, wenn man stirbt. Im Leben ist ja der Tod das einzig «Todsichere». «Sie können ruhig schlafen, denn Ihre Versicherung wacht!» hieß es im Werbespot einer großen Versicherungsgesellschaft. Tönt dies nicht beinahe nach göttlicher Vorsehung?

Diese *Sicherungsneurose* unserer Gesellschaft hat ihre vielfältigen Hintergründe. Wir versuchen einige von der Psychologie her anzuleuchten.

Wirtschaftsforscher, Politologen, Fachleute der Sicherheitsforschung machen mit zunehmend lauterer Stimme darauf aufmerksam, wie gewaltig das *Konfliktpotential* durch die explosionsartige Entwicklung der *Technik* angewachsen ist. Wir sitzen längst nicht mehr auf einem harmlosen Pulverfaß, die apokalyptische Selbstvernichtungsmöglichkeit, ferngesteuert und vollautomatisch wirksam, beginnt auch den gewöhnlichen Bürger mindestens zu beunruhigen. Die junge Generation, die nie eine ruhige Wiederaufbauphase miterlebt hat und seit Kindsbeinen nur von Wettrüsten, atomarer Gefährdung, ideologischem Kampf der Supermächte gehört hat, fühlt sich mehr als die ältere Generation einer *Weltuntergangsspannung* preisgegeben. Sie reagiert darauf verschieden: Friedensbewegungen, Protestgruppen in allen Ländern schaffen sich stets deutlicher Gehör; fehlgeleitete Idealisten schließen sich fanatischen Gruppen an, die auch vor Terror und kriminellen Handlungen im Namen einer besseren Gesellschaft nicht zurückschrecken.

Andere unternehmen den Versuch, im Abseits eine Art Gegengesellschaft zu bilden. Alternativ leben ist beinahe schon ein Schlagwort geworden. Im Versuch: Zurück zur Natur! Zurück zur Einfachheit! liegt mehr als nur ein Modetrend. Viele erhoffen, durch ihr eigenes Beispiel den satten Wohlstandsbürger etwas zum Nachdenken zu bringen.

Es ist heute recht schwer, zwischen *Individualismus* und *Kollektivismus* das rechte Maß zu finden.

– Das individualistische Denken nimmt oft mit erschreckendem Egoismus nur die Rechte des einzelnen wahr. Im Namen einer falsch verstandenen Selbstverwirklichung boxt sich der eine die Karriereleiter hinauf, während ein anderer glaubt, sich unbeschränkt den Stil eines unverbindlichen Jungseins als Parasit erlauben zu dürfen.

Zur *Sicherung der individuellen Freiheit* wagen heute viele *keine sozialen Bindungen* mehr. Die Ehe als Institution wird in gewissen Kreisen belächelt. Weil es im letzten an Ehrfurcht vor sich selbst fehlt, sieht man auch im Partner ein bloß auswechselbares Gebrauchsobjekt, mehr nur einen Spiegel für die eigene narzißtische Bedürftigkeit. Wie Narziß in der griechischen Sage ist man in sich selbst verliebt, das eigene Spiegelbild im Wasser gaukelt ein Du vor; die Selbstverliebtheit führt zum Sturz ins Wasser und damit zur Selbstvernichtung.

Abhängigkeits- und Bindungsängste sind oft Gegenstand der psychotherapeutischen Praxis. Wer sich weniger zu Wort melden kann, sind die Kinder aus narzißtisch gestörten Beziehungen in und außerhalb einer Familie. Ihr Dasein war unerwünscht, wenigstens von seiten eines Partners. Sie werden als bloße Last empfunden und daher vernachlässigt oder abgeschoben. Wie groß ihre *Selbstentfremdung* und soziale *Verstörtheit* ist, erfährt man eindrücklich im Szenotest. Wie oft wird nur eine konstruierte Welt ohne Menschen dargestellt, obwohl eine Menge menschlicher Figuren zur Verfügung stünden! Bei der Aufforderung: Versuche einmal, deine Angst als Tier darzustellen, erhält man im Normalfall bei Kindern und Erwachsenen Schlangen, Krokodile, Polypen, Raubtiere, vereinzelt auch kleine Insekten, Spinnen und Bakterien; die letztere Gruppe deutet auf phobische

Abb. 13
Roboter als Angsttier

Abb. 14
Statt eines Angsttieres eine Mauer, die kein
Entrinnen mehr ermöglicht

Ängste hin. Sich selbst entfremdete Kinder zeichnen oft
nicht ein Natur-Tier. Ein unheimlicher Roboter mit
automatischen Zähnen kommt als Maschine auf sie zu.
Erschütternd wirkt auch die Zeichnung der 9jährigen
Nelly: «Ich kenne keine Tiere, ich möchte etwas anderes zeichnen», sagte sie. Das Ergebnis: Eine unheimliche
Mauer mit Füßen kommt auf die kleinen Kinder zu;
eine Kette fesselt sie an ihren Platz, es gibt kein Ausweichen (s. Abb. 13 u. 14).
– *Kollektivistische* Tendenzen gaukeln eine illusionäre Sicherheit vor: Du brauchst dich bloß anzupassen, dann
kann dir nichts passieren. Das Kollektiv wird dich tra-

gen! Die Gemeinschaft deiner Arbeitsgenossen, die du im Großbetrieb zwar kaum kennst, denkt für dich. Halte dich an die Parolen! Auch im übrigen Leben wird dir genügend Information geliefert, wie du dich verhalten kannst und sollst. Je weniger du auffällst, desto besser!

Wie sehr wir heute manipuliert werden, läßt sich nur schwer erfassen: Kollektiv werden Wirklichkeiten verleugnet, vor allem die Realität unserer Sterblichkeit, unseres Altwerdens, der Schrecken der Weltbedrohung – nach kurzen Denkmomenten taucht man wieder in den gedankenlosen Alltagstrott ein: Was ich nicht weiß, macht mir nicht heiß!

Schlagworte prägen als Absicherungen nur zu leicht unser Denken und Fühlen. In verfälschender Einseitigkeit kleben sie der Realität Etiketten an: Leistungsanforderung wird «Leistungsdruck», Erziehung ist «Repression», Autorität ist stets «autoritär».

Wie dürftig das kollektivistische Leben wird, zeigt sich auch in der Verarmung der Sprache. Der Wortschatz ist geringer geworden, feine Differenzierungen werden rasch unter den gleichen vereinfachenden Klischee-Ausdruck geschoben. Es gilt auch als schick, sich im Erwachsenen-Alter noch einer pubertären Sprache zu bedienen, vielleicht kann man sich so vor dem Vorwurf schützen, altmodisch geworden zu sein.

Die *Werbung* benützt die kollektive Verführbarkeit, um Bedürfnisse künstlich zu erzeugen, Minderwertigkeitsgefühle hervorzurufen, zu verunsichern – um dann anschließend mit den angepriesenen Produkten als Hilfe und Schutz in der Not aufzutreten. Wem gelingt es dann noch, dem Angebot zu widerstehen, das sich so raffiniert präsentiert: mit Charme, mit Noblesse, Snob-Effekt, heldischer Gebärde oder dem simplen Mitläufer-schema «Du mußt auch dabeisein!».

Soziologen weisen darauf hin, daß wir heute unsere Meinung wohl frei äußern dürfen, aber kaum mehr imstande sind, eine eigene Meinung zu bilden.

Eine eigenartige Schizophrenie des Verhaltens ist oft feststellbar: Das Berufsleben scheint manchen so viel abzufordern an Konzentration, an kritischem Denken und Entscheiden, daß sie sich für das Privatleben gern der vorfabrizierten *Meinungsbildung* überlassen. Radio und Fernsehen dienen oft nicht nur als Informator und Unterhalter, sie werden auch mehr und mehr gebraucht als Schutzwall, als Absicherung gegenüber einem möglichen Gespräch im Familienkreis. «Wenn mein Mann nach Hause kommt, rennt er gleich zum Fernseher. Wehe, wenn ein Kind ihn dann mit einer Frage stört!», so hört man öfters Mütter berichten. So stehen oft Apparate, Maschinen, selbstgeschaffene Sachzwänge einer menschlichen Begegnung im Wege. Eine würgende Vereinsamung macht sich in manchen Familien breit, das Gespräch erstirbt.

Wir leben in einer *dynamischen Gesellschaft:* enorm vieles verändert sich in kurzer Zeit. Das Tempo der Entwicklung steigert sich laufend, was bedingt, daß wir uns ständig umstellen müssen. Das Erlebnis, daß das meiste nur ein Vorläufiges, Vorübergehendes darstellt, entwertet die Gegenwart. Kulturphilosophen sagen, daß der

Mensch von heute wenig Sinn mehr für die Geschichte besitze, die Vergangenheit als unnutzbaren Schrotthaufen betrachte, da sie nun einmal überholt sie. Dabei wird vorderhand kaum zur Kenntnis genommen, daß durch die Geschichtslosigkeit der lebendige Wurzelboden, diese Grundsicherheit, verlorengeht. Das Heil wird von der *Futurologie* erwartet.

Diese Selbstverstümmelung der Kultur rächt sich im Leben des einzelnen: Die einseitige Sogwirkung auf die Zukunft hin vermehrt den Streß, die *Lebenshetze,* und verunmöglicht ein ausreifendes Verweilen in der Gegenwart. So sagt Böhm: «Der Zeitgenosse ist in Wahrheit glücklich, keine Zeit zu haben, er ist stolz darauf und rühmt sich dessen; ein überfüllter Terminkalender ist heute ein wichtiges Statussymbol. Ruhe, wenn sie einträte, würde ihn sehr beunruhigen – hat man ihn schon zum alten Eisen geworfen, gibt es für ihn keine Verwendung mehr, ist er aus dem ‹Leben› ausgeschlossen?» (Leben im Zwiespalt, Herder TB, Freiburg 1974). Das Selbstgefühl und die Selbstsicherheit vieler Menschen scheint sich fast nur auf den Nutzeffekt im Leistungsbereich abzustützen. Der Reichtum der Beziehungsmöglichkeit, die seelische Entfaltung nach innen hin wird als Chance übersehen.

In unserer *demokratischen Gesellschaft* wird uns immer klarer bewußt: Keiner kann alles allein tun. Wir spüren, daß wir aufeinander angewiesen sind. Manches läßt sich erreichen, wenn klare Aufgabenstellungen vorliegen, wenn jeder ernst genommen wird und sich daher auch mitverantwortlich fühlt. Auch die Untergebenen möchten mitdenken, mitbestimmen. Die Beschränktheit des einzelnen kann zur Chance der Solidarität werden.

Im schweizerischen Staatswesen steht jedem Bürger das Recht zu Initiativen und zum Referendum zu: er kann also unmittelbar auch kreativ ins Staatsleben eingreifen, nicht nur wählen und zu vorgegebenen Sachfragen Stellung beziehen. Das Volk als höchster Souverän und Wächter läßt keine Machtansprüche einzelner überborden. Das Subsidiaritätsprinzip ermuntert ohnehin, in den naheliegenden Bereichen in kleinen Strukturen die Probleme zu lösen und erst dann ein Problem nach oben zu delegieren, wenn es die eigenen Kräfte übersteigt. Diese Grundhaltung schafft Sicherheit; sie wird so lange andauern, als aktive, verantwortungsbewußte Staatsbürger sich als lebendiger Teil des Ganzen empfinden.

Rollenunsicherheit ist häufiger Gegenstand des Gesprächs auf der Suche nach einer zeitgemäßen *Partnerschaft*. Theoretisch und grundsätzlich sind die meisten Zeitgenossen für eine Gleichberechtigung von Mann und Frau. Im praktischen Alltag sehen wir aber die verschiedensten Spielformen: Das alte Patriarchat mit der Frau als Anhängsel ihres Mannes, die von seinem Engagement profitiert, wie die wackere Mitarbeiterin; daneben verteilte Kompetenzen, die nicht nur nach dem traditionellen Rollenschema sich einspielten, sondern in gegenseitiger Absprache getroffen wurden.

Sicherheit wird von den wenigsten Paaren mehr in der einmal zugeteilten Rolle gefunden werden können;

es dürfte mehr vom gegenseitigen Verständnis erwartet werden, vor allem bei der Veränderung der Ehe durch die flügge gewordenen Kinder, aber auch für Fragen der Weiterbildung, des Berufswechsels von Mann und Frau.

Daß manche Partnerschaft in Brüche geht, weil der gegenseitige Reifungsprozeß nicht geleistet werden konnte, ist leider traurige Realität. Nebst psychologischen spielen auch soziologische Ursachen eine Rolle. Der Konsumanspruch unserer Wohlstandsgesellschaft setzt die Akzente oft falsch. Beide Partner überarbeiten sich, um es «noch schöner» zu haben; es bleibt weder Zeit noch Kraft, das Erworbene in Ruhe zu genießen. Es fehlt an Gespräch, an Gemütlichkeit.

Die sexuelle Freizügigkeit und die Haltung, auch den Mitmenschen ein Stück weit als Konsumware zu bewerten, legt auch der Partnerschaft die Wegwerfhaltung nahe. Wir sind durch den überheizten Konsumbetrieb zur *Wegwerfgesellschaft* geworden. Nicht nur materielle Güter werden stets durch neuere ersetzt, weil angeblich das Neue das Bessere ist: man wirft auch rasch Beziehungen weg, löst wegen relativ kleinen Unstimmigkeiten ein Arbeitsverhältnis auf. Fortschrittliche Betriebe suchen eine gewisse Stabilität zu sichern durch offene Konfliktaustragung.

Unsere *säkularisierte Gesellschaft* bietet dem Menschen wenig Antworten auf seine tiefsten Fragen. Wir sind in Gefahr, im Vordergrund steckenzubleiben, weil eine äußerliche Sicherheit, abgesehen von der weltpolitischen Problemlage, uns ein oberflächliches Leben erlaubt. Es braucht oft eine Krankheit, schwere Schicksalsschläge, daß wir wieder zu uns selbst finden.

Die gegenwärtige *Sinnkrise* hat viele Ursachen. Eine der wesentlichsten scheint mir der Verlust eines personalen Gottesbildes zu sein. Für einen anonymen Gott, «einen Gott ohne Gesicht» (Borchert), lebt und stirbt man nicht.

So ist Gott scheinbar überflüssig geworden, eine «Illusion», ein Narkotikum (Freud), auf das ein aufgeklärter Mensch verzichten kann. An Stelle der Religion sind Ideologien getreten, Selbsterlösungstheorien, die für sich Absolutheitsanspruch erheben.

Manche Menschen leiden unter der Diskrepanz zwischen einem naturwissenschaftlichen Denken, das mit Beweisen arbeitet, und der Forderung, sich einem Gott anzuvertrauen, der ein Mysterium bleibt. Ein Gott, der sich nicht in die engen Kategorien unserer Vernunft einfangen läßt, der sich von Menschen nicht in den Griff nehmen läßt. «Ein begriffener Gott ist kein Gott», sagt der evangelische Mystiker Teerstegen. Nirgendwo wird *Sicherheit* so sehr *als Paradox* erlebt wie in der religiösen Frage. Hier versagt jede Absicherung von seiten des Menschen her. Es geht nur noch um das Sich-fallen-Lassen in das Geheimnis hinein.

Am intensivsten werden wir dies im Tod erleben. Der Umgang mit Sicherheit und Unsicherheit verlangt einen lebenslangen Reifungsprozeß. Oft stehen dabei innere und äußere Sicherheit in seltsamem Widerspruch.

S 108 - 124

*4 Neuropatische
Tendenzen   je neurotischer
d.h. je mehr dient / Grundformen der Angst   et Kummern*

Ob die Suche nach Sicherheit noch im Rahmen eines
sogenannten normalen Verhaltens erfolgt oder ob bereits von krankheitsverdächtigen Versuchen gesprochen
werden muß, läßt sich nicht so leicht entscheiden. Die
Übergänge zwischen *gesund und krank* sind *fließend.*

Auch ist festzuhalten, daß jeder Mensch durch vorübergehende schwere Konfliktbelastungen sein seelisches
Gleichgewicht verlieren und seltsame, übertrieben er-
scheinende Ängste und entsprechende Absicherungen
produzieren kann.

Wenn der Zusammenhang zwischen Konflikt und auf-
fallendem Verhalten von außen ersichtlich oder verständlich gemacht werden kann, so sprechen wir bloß
von einer Konfliktreaktion. Ihre Symptome verschwinden, wenn die belastende Ursache wegfällt; der betref-
fende Mensch kehrt nach der überstandenen seelischen
Störung wieder in ein relatives Gleichgewicht zurück.
Im Zusammenhang mit den Reifungsängsten und mit
den von außen kommenden Konfliktängsten haben wir
uns mit solch zum Teil vorübergehenden Erschütterun-
gen befaßt.

Wir wollen uns nochmals vor Augen führen, welche
Bereiche ständig auf den Menschen einwirken (s. Abb.
15):

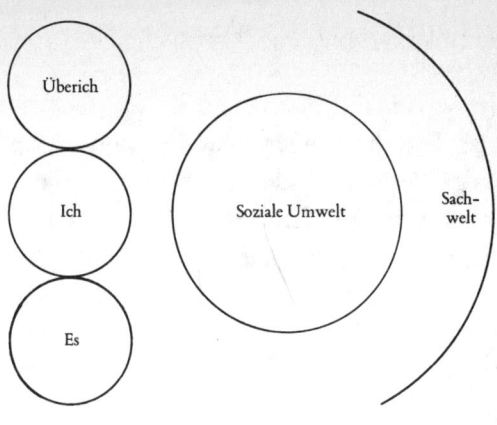

Abb. 15
Ich-Einflüsse

Aus dem Es, dem unbewußten Urgrund, melden sich Triebe, Wünsche, Impulse. Das Überich zensuriert als Gewissen im Sinne der Zustimmung, der Anerkennung, des Gebotes, oder es warnt, verbietet, droht mit Schuldgefühl und Strafangst. Die soziale Umwelt bietet Beziehungen an, ermuntert, lobt, fordert Engagement heraus, verheißt Schutz und Geborgenheit; anderseits ängstigt sie auch mit ihren Ansprüchen, verunsichert durch Widersprüche, Launen, Gewalt, Ablehnung und Untreue. Das Ich hat gegenüber den inneren und äußeren Instanzen Stellung zu beziehen, ihre Ansprüche durch Entscheidung auszugleichen.

Auch Sacheinflüsse wirken ständig auf unsere Entwicklung ein: ein Lebensraum, relativ gesichert, weit genug, um experimentieren zu können, mit gewissen Ordnungsstrukturen, die noch Neues zulassen – oder eine Situation voller Unsicherheit und Beängstigungen, eng gefaßt in starren Strukturen, oder ihr Gegenteil, ein chaotisches Durcheinander. Materielle und ideelle Einflüsse aus größeren und kleineren Lebensbezügen bieten Voraussetzungen, die hemmen oder fördern können. So konnte niemand die finanzielle Lage seiner Eltern auswählen, die Wirtschaftslage seiner Heimat und seiner Zeit bestimmen, den herrschenden Philosophien und ihrer Auswirkung auf Gesellschaft und Staat einfach ausweichen.

So muß ein jeder seine Schicksalsfaktoren zur Kenntnis nehmen; je besser es ihm gelingt, etwas Überschau zu gewinnen, desto mehr vermag er, seine Freiheitsmöglichkeiten wahrzunehmen; in gewissem Sinn ist er auch vor Gefahren gewarnt und kann sich besser vorsehen. Gewisse Einbruchstellen werden als solche wirksam bleiben; die Angst davor verliert einen Teil ihrer Unheimlichkeit, wenn wir mit ihr rechnen. *man sie kennt*

Wenn die seelische Krankheitslehre von Typen spricht, ist sie sich sehr wohl bewußt, daß dies nur Hilfskonstruktionen sein können, um an das hochkomplizierte Phänomen Mensch heranzukommen. Als lebendiges Wesen sind wir Menschen ständiger Veränderung unterworfen. Wohl bilden sich im Laufe des Lebens Hauptakzente heraus; sie können aber nach gewissen Entwicklungsphasen wieder durch andere abgelöst werden.

Trotzdem lohnt es sich, einige bekannte Charakterstrukturen, wie sie die Neurosenlehre beschreibt, darauf

falsch
damau bei der Angst vor der Angst
mit der Angst rechnet u. sie
dadurch erzeugt
man muß
den Grund
kennen.

hin zu befragen, *worin* und *mit welchen Mitteln* vor allem Sicherheit gesucht wird. Vielleicht finden wir uns selbst in vier verschiedenen Typenbildern etwas widergespiegelt.

→ Angst vor Nähe und Bind aus Verlustangst

– **Der** *schizoide Typ* sucht Sicherheit durch Betonung der eigenen *Selbständigkeit*. Obwohl er im tiefsten Nähe und Wärme ersehnt, gibt er sich kühl, distanziert. Seine Einmaligkeit und *Einzigartigkeit* lebt er überwertig. Anders als die andern, als der große Haufe zu sein, ist ihm wichtig.

Die Nähe anderer wird bald als eigene Beengung und Belastung erlebt; darum ist auch bei freundschaftlichen Beziehungen mit einem *plötzlichen Rückzug* und Abbruch zu rechnen. Die Beziehungspartner sind oft narzißtisch austauschbar; sie werden nicht als Menschen mit eigenen Interessen wahrgenommen, sie haben mehr nur die Funktion eines Spiegels, der das eigene Selbst zurückwerfen soll.

Woher diese Vergewaltigung des andern, woher die Angst vor menschlicher Nähe? Das analytische Denken führt die narzißtischen Störungen (ein anderer Ausdruck für schizoide Entwicklung) auf Verlassenheitsängste des Kindes im 1. Lebensjahr zurück. Weil es kein verläßliches Du erleben durfte durch liebevolle Nähe, vermochte es auch kein gesundes Ich aufzubauen. Die Ohnmacht der frühen Hilflosigkeit war lebensgefährlich; ein Bewältigungsversuch ging dahin, das Liebesverlangen nicht mehr nach außen zu werfen, nichts mehr von andern – in der Phantasie aber alles von sich selbst zu erhoffen.

Abb. 16

Größenbild eines 9jährigen: er ein mächtiger Elefant,
der Vater eine winzige Maus; die beneideten Stiefgeschwister
werden doppelt gezeichnet

nicht bei gleichzeitige Insuffizienz

Diese *Allmachtsphantasien* führten zu einem *aufgeblähten
Größenselbst* (s. Abb. 16), das sich in gewissem Sinne
selbst zu genügen suchte. Spätere Zurückweisungen und
Enttäuschungen setzten den Prozeß der innern Spaltung
fort (schisma = Spaltung). Auch Mütter mit unmoti-
viertem Verhaltenswechsel zwischen rascher Annähe-
rung an das Kind und ebenso abruptem Rückzug ver-
größerten das tiefe Urmißtrauen. Man fühlte sich bald
zum Spielzeug der momentanen elterlichen Bedürfnislage degradiert – und dann nach Gebrauch wieder in
die Ecke gestellt. «Ich erlebte nie gute Zärtlichkeit, nie
hatte ich das Gefühl, von den Erwachsenen beschützt zu

sein; im Gegenteil, ich spürte eher die Aufforderung, sie durchtragen zu müssen. Eigentlich verachtete ich sie.»

So berichtete ein hochsensibler junger Mann, der bereits drei Verlobungen und Entlobungen hinter sich hat, über seine Kindheit. Die Sehnsucht, aus der Isolation herauszukommen, führt zu Kontaktversuchen und Beziehungen, die plötzlich wieder fallengelassen werden müssen. Die Bindungsangst sieht im Partner durch Projektion des eigenen Mißtrauens plötzlich denjenigen, der doch keine Treue halten wird oder der es darauf abgesehen hat, einen auszunützen, einen seelisch zu verschlingen. Weil der Schizoide sich nicht für liebenswert hält, *nimmt* er oft die von ihm *erwartete Enttäuschung* voraus durch plötzlichen Beziehungsabbruch. So kann er sein höchst verletzliches Selbstgefühl sichern.

Als Beziehungspartner werden je nach Typ neben andersgeschlechtlichen häufig homosexuelle gewählt; sie wirken weniger bedrohlich. Bei schwerster Störung bleibt es bei der *Fixierung* auf exzessive *Onanie* oder bei der Verschiebung auf Ersatzobjekte, wie dies im *Feti schismus* zutrifft.

Schon bei schizoiden Kindern erfährt man oft den Selbst-Sicherungs-Versuch: Werde ich auch noch geliebt oder wenigstens akzeptiert, selbst wenn ich mich eklig benehme? Dieses *Auf-die-Probe-Stellen* der Erzieher, der Arbeitskollegen, des Ehepartners endet allzuoft mit dem Triumph: Auch ihr habt mich im Stich gelassen, ich bin wiederum verraten worden! Daß man den ganzen Teufelskreis selbst in Szene gesetzt hat, wird abgespalten.

113

...em hochentwickelten Verstand steht durch *Abspaltung* ein primitiv gebliebenes Gefühlsleben gegenüber. Infantil fordernd, ohne Rücksicht auf den andern, durch Aggression in Wort und Tat grausam zuschlagend, oder mit Ironie, Zynismus, Schweigen eine *Pseudo-Überlegenheit* dokumentierend. Es «fehlen auch hier die Mitteltöne beherrschter, gekonnter, situationsangepaßter Aggression – letzteres allerdings nur von außen gesehen, denn aus ihrem Erleben heraus finden sie ihr Verhalten durchaus situationsadäquat», so Riemann (Grundformen der Angst, München 1975).

Nebst all diesen negativ wirkenden Verhaltensweisen zeichnen sich manche Schizoide aus durch eine feine Intuition: in helfenden Berufen kann dies als *Hellsichtigkeit für die Problemlage eines fremden* anderen *Menschen* ihnen zugute kommen; die nächsten Angehörigen hingegen müssen oft lange auf etwas Verständnis warten. Der große Leidensdruck narzißtisch gestörter Menschen erweckte schon geniale Begabungen in Kunst und Wissenschaft; auch in Religion und Sozialleben kann Sicherheit gefunden werden in *Sublimierungen*. Die unheilbare Wunde der Selbstentfremdung treibt an, macht erfinderisch. Weil aber nur das Allerhöchste gut genug ist, scheitert manch hoffnungsvoller Beginn an der nur lückenhaft wahrgenommenen Realität.

– Ganz anders verläuft die Sicherheitssuche beim *depressiven Menschen*. Er sucht Halt in einer möglichst symbiotischen *Abhängigkeit* von *idealisierten Liebesobjekten*. Um eins sein oder bleiben zu können, verzichtet der

Depressive auf gesunde Autonomie. Er delegiert gleichsam seine Lebensansprüche an andere. Durch *Daueranpassung* hofft er auf *Dauerbesitz.* Er gibt sich schwächer, hilfloser, ungeschickter, als er in Realität ist, bis er schließlich selbst daran glaubt, bloß als Kletterpflanze daseinsfähig zu sein.

Nebst dieser passiven Erwartungshaltung, vom andern her seinen Daseinssinn zu gewinnen, kennen wir auch den aktiven depressiven Typ. Er kehrt die Situation um, indem er *die anderen von sich abhängig macht durch* ein *übergroßes Engagement:* die überbesorgte Gattin und Mutter, der stets hilfsbereite Mitarbeiter, der noch gratis Überstunden macht, das Heimkind, das sein bißchen Taschengeld für Geschenke an seine Kameraden opfert, um etwas Nähe zu erkaufen.

Nichts wird so sehr gefürchtet wie die Trennung, das Alleingelassenwerden. Selbstwerdung, Weiterentwicklung würde ein Stück weit auch Veränderung mit sich bringen. Dieses unbewußte Gespür verleitet oft dazu, dem Mann von einer größeren Karriere abzuraten oder der eigenen Frau eine Weiterbildung oder den Wiedereintritt in ihren früheren Beruf zu verwehren. Insgeheim fürchtet man, nicht Schritt halten zu können, aus der Symbiose herauszufallen.

Altruistische Motive stehen dem depressiven Menschen in Menge zur Verfügung; leider steht er ihnen nur zu naiv gegenüber. Das, worauf er seit Kindheitstagen gedrillt wurde, hat er zur moralischen Ideologie gemacht: Es ist auf jeden Fall tugendhafter, *eigene Wünsche zurückzustellen* zugunsten der Bedürfnisse anderer! Wie unwohl

es der Umgebung werden muß, ständig von der Opfer-
haltung eines Menschen zehren zu müssen, wird nicht
wahrgenommen.

Statt der erwarteten Dankbarkeit erntet der depressive
Typ daher oft eher ärgerlichen Unwillen, Protest – oder
ein seufzendes Über-sich-ergehen-Lassen; die Hilfelei-
stungen sind zu aufdringlich, einengend und vergewal-
tigend empfunden worden. Wir erinnern uns an das
Beispiel der Putzfrau, die ihren beiden Kindern Häuser
baute, sich selbst aber bloß ein Zimmer gönnte.

Das Gefühl, ausgenutzt zu werden, verstärkt schließlich
die Depression; die *Enttäuschung* und die damit verbundene *Aggression* wird jedoch *verleugnet*. Durch Pseudo-
harmonie-Haltung wird die Fassade der Sicherheit auf-
recht erhalten.

Die verdrängte Aggression entlädt sich auf verschiedene
Weise: *orale Gier,* Essen, Rauchen, Trinken, Lutschen im
Übermaß, Drogen- und Pillenabhängigkeit, im letzten
Flucht in die Betäubung. Jahrelanges Sich-zurückge-
setzt-Fühlen erzeugt auch *Krankheiten oder Kränklich-
keit.* Im *Selbstmordversuch* findet die Enttäuschung am
Liebesobjekt, das Schuldgefühl und der eigene Selbsthaß
seinen deutlichsten Ausdruck. Suizid wird oft als Mittel
der *Erpressung* benützt; denn depressive Menschen haben nicht gelernt, Aggressionen und Forderungen rechtzeitig zu äußern.

Woher diese Hemmung, für sich selbst etwas zu fordern
– oder auch nein sagen zu können? Die meisten Neuro-
senlehren sehen den Beginn der depressiven Entwicklung nach der Mitte des 1. Lebensjahres: Das Kind hat

die Mutter als die Spenderin seiner Bedürfnisbefriedigung erkannt, damit erspürt es auch seine Abhängigkeit von ihr. Geschieht der Kontakt in einem gegenseitigen liebevollen Geben und Nehmen, im Lächeln des Erkennens und in der Freiheit des Kindes, selbst kleine Eigeninitiativen zu entwickeln, ist die Grundlage für ein gesundes Selbstwertgefühl im Entstehen.

Anders verläuft die Entwicklung, wenn eine verwöhnende Gluckenmutter das Kind mit einem Übermaß an Zärtlichkeiten erstickt, seine beginnenden Verselbständigungsversuche zurückbindet: Laß das nur, Mutti macht das schon für dich! Schließlich wagt das Kind kaum mehr etwas ohne Aufforderung oder Genehmigung der Mutter zu tun, weil sie auf seine Eigenversuche gekränkt, wenn nicht sogar mit Tränen reagiert. Es verlernt aus Schuldgefühl, selbst Wünsche zu haben, und baut anderseits ein Weltbild von schlaraffenlandähnlichem Verwöhntwerden auf. Aus Verlustangst der Mutter gegenüber verzichtet es auf seine ursprünglichen Eigentendenzen. Für die Zukunft entsteht daraus eine *passive Erwartungshaltung* (s. Abb. 17): die andern werden meine Wünsche schon spüren, Selbständig-Sein ist gefährlich! Ich kann mir die Liebe nur sichern durch Anpassung, sonst bin ich ein böses, undankbares Kind.

Eine gegenteilige Selbstentmachtung erfahren Kinder von harten Müttern, die aus Prinzip und Mangel an Einfühlung nicht auf die individuellen Bedürfnisse des Kindes eingehen können. Zu früh und zu gewaltsam verlangen sie Verzicht und Anpassung. Das Kind lernt, vom Leben nichts zu erwarten. In seiner pessimistischen

Abb. 17
Passive Erwartungshaltung: Ich selbst kann nichts tun,
ich bin Polypen ausgeliefert

Grundhaltung empfindet es später Schuldgefühle, wenn
ihm einmal Glück begegnet. Mit dem Mittel der *Ent-
täuschungsprophylaxe* zerstört es sich selbst wertvolle
Möglichkeiten; dann kann es ja nur noch positiv enttäuscht werden.
Daß diese Ich-Schwächung durch die Mutter, oft auch
durch das ganze Familienklima, Haß und Lebensangst
aufkommen läßt, ist verständlich. Der Haß gegen die
Vergewaltiger verwandelt sich bei den meisten depressiv
Strukturierten in Selbsthaß mit der dazu gehörenden
Aggressionshemmung gegenüber andern. Was hätte ich
schon zu fordern? Ich bin niemand.

Bei liebevoller Wahrnehmung und Ermutigung kann eine depressive Entwicklung entschärft werden. Wünsche auszusprechen, Widerspruch anzumelden, muß trainiert werden. Der Sicherungsbann der bloßen Anpassung fällt dann als überfällig dahin. Ein solcher Gesundungsprozeß setzt Verständnis voraus. Er wird reich belohnt; denn der Depressive kann zu echter Selbstlosigkeit finden, seine Hingabefähigkeit und Treue läßt ihn auch schwerste Situationen durchtragen. Wenn gar der Humor erblüht (nicht bloßer Witz) – dann hat er nach einem schmerzlichen Weg sich selbst gefunden.

– Bei keinem anderen Menschentyp tritt die Sicherungstendenz so stark in den Vordergrund wie beim zwangshaften Menschen. Er *kontrolliert alle seine Impulse,* besonders die sexuellen und die aggressiven, auf übergenaue, ja skrupulöse Art und Weise. Vor eigener Spontaneität wie vor Überraschungen von außen sucht er sich durch sorgsame *Vorausplanung* zu schützen. Aus Angst, von plötzlichen Gefühlen davongetragen zu werden, stellt er sich zum vornherein *starre Prinzipien auf,* die fast roboterartig in die Tat umgesetzt werden müssen. So wird Sicherheit auch in *festen Gewohnheiten* gesucht, an sich eine gute, energiesparende Sache, die jedoch zum *starren Schema* degeneriert, das auch dann noch befolgt werden soll, wenn es aus äußeren oder inneren Gründen sinnlos geworden ist. Die *Tradition* wird zur heiligen Kuh gemacht, ob es nun um größere politische, gesellschaftliche und religiöse Fragen geht oder auch bloß um banale Dinge wie ein Wochenmenüplan, um den Ablauf einer bestimmten Arbeit, um die Frage, welches Kleidungsstück man am Sonntag noch tragen dürfe usw. In einem *fanatischen Festhalten* am Bisherigen verschließt man sich dem Risiko einer Neuorientierung. Extreme Sauberkeit, Pünktlichkeit, Ordnungsliebe und Sparsamkeit sollen einen Schutzwall bilden gegen ein Herausfallen aus dem gesicherten Rahmen.

Den Mitmenschen gegenüber werden *Vorschriften* erlassen, wie sie sich zu verhalten haben, oft bis in lächerliche Details hinein. Im Arbeitsprozeß oder in politischen Gruppierungen wird eine genaue *Kontrolle* eingebaut: je nach eigenen Ambitionen führt man Dossiers über seine Mitarbeiter. Freundschaft und Liebe wecken oft irrationale Ängste; diese werden bekämpft durch ernüchternde Abmachungen zum voraus, so daß für die freie Lebendigkeit wenig Raum mehr bleibt, alles muß zur Pflichtübung gemacht werden.

Zwanghafte Menschen fassen eine Partnerschaft leicht als ein *Herrscher-Untertanenverhältnis* auf; gerne möchte man den unterlegenen Teil nach seinem Willen formen, Rechte und Pflichten bis in den Intimbereich hinein zum voraus regeln.

Aggressionen werden selten offen geäußert; man befürchtet, seine *Würde* zu verlieren, falls die *Selbstbeherrschung* einmal versagte. Oft wird ein legitimer Abfluß gesucht, dadurch daß man sie auf bestimmte Gebiete verschiebt und dort rücksichtslos gegen oder für etwas kämpft, oft unter dem Motto, heilige Normen verteidigen zu müssen. Eine *überbetonte Korrektheit* kann es gestatten, unterschwellig sogar sadistische Impulse an Mitmenschen auszulassen: Der Beamte, der dem unbeholfenen alten Mütterchen gegenüber einfach den Schalter zuschlägt, der Busfahrer, der dem Invaliden den Wagen nicht mehr öffnet, obwohl Rotlicht noch eine Zeitchance anbieten würde usw. Geheime Rache nehmen zwangshafte Menschen oft in Situationen, wo etwas von ihnen erwartet oder erbeten wird und sie die Macht besitzen, die Sache hinauszuzögern oder nur in kleinen Portionen zu entsprechen, so in Geldfragen gegenüber Frau und Kindern, in spärlicher Information gegenüber Untergebenen.

Woher diese Sicherungszwänge, fragen wir uns. Der Beginn der zwangshaften Entwicklung wird für das 2. und 3. Lebensjahr angenommen. Anlagemäßig scheint es sich meist um triebstarke, eigenwillige Persönlichkeitsstrukturen zu handeln, die in der Phase der Sauberkeitsgewöhnung zu schnell und zu hart von den Eltern gefordert, wenn nicht dressiert worden sind. Auch stillere Empfindungstypen nach dem Typenverständnis von Jung, deren Blick ja besonders auf Details gerichtet ist, können in einen zwangshaften Sog geraten und zu Pedanten werden.

Aus Angst vor Strafe lernte der zwangshafte Mensch, sich in einen Panzer der Gesetzlichkeit einzufügen und eigene Spontaneität zurückzubinden. Genügt diese Abwehr nicht, werden oft eigentliche Zwangssymptome entwickelt: So mußte ein Sohn stets zu zählen anfangen, wenn er den Vater die Wohnung betreten hörte, unbewußt versuchte er so die Aggression ihm gegenüber in Schranken zu halten. Nebst dem bekannten Sicherungszwang, Türen und Gashahn mehrmals zu kontrollieren, sind auch unheimliche Rituale bekannt.

Der zwanghafte Mensch leidet nicht an einer so großen Ich-Störung wie der schizoide oder der depressive, weil seine Schädigung erst zu einem späteren Zeitpunkt anfing. Trotzdem ist die Tragik einer zwanghaften Existenz nicht zu übersehen: Wirkliche Lebensfreude wagt er kaum zuzulassen, weder bei sich noch bei seiner Umgebung. Gelingt es aber, sich allmählich doch mehr Affekte zu erlauben, auch Risiko in kleiner Dosis zu akzeptieren, werden Zuverlässigkeit, Gerechtigkeit und Treue zu ihrem wirklichen Wert befreit werden.

– Der *hysterische Typ* steht in großem Gegensatz zum zwangsneurotischen. Aus Angst vor dem Begrenzten, Notwendigen sucht er Sicherheit im *Rausch des Neuen.* Phantasievoll versucht er in guten Stunden den Augenblick zu genießen; sein Freiheitsdrang scheut davor zurück, sich zum voraus auf etwas festzulegen. Das *Wunschdenken* führt oft zu einer erstaunlichen Meisterschaft, unangenehme Realitäten nicht wahrzunehmen, zu verleugnen oder idealistisch umzugestalten. Charme, gewinnendes Lächeln, gekonnte Freundlichkeit verschaffen in der Gesellschaft die ersehnte *Mittelpunktstellung,* auf die der *Geltungsdrang* des Hysterikers angewiesen ist. Wie ein guter Regisseur verteilt er treffsicher die Rollen innerhalb einer Familie, die nach H. E. Richter wie *ein gut einstudiertes Ensemble* zu funktionieren hat (Patient, Familie, Hamburg TB 1970, Kapitel: Die Theaterfamilie; s. auch Abb. 11). Daß dabei in weicher

Tyrannei eine Vergewaltigung an Partner und Kindern passiert, wird übersehen. Phantasie und Wirklichkeit mischen sich, so daß *Übertreibungen,* kleine und größere *Schwindeleien* als Selbstschutz unbewußt oder halbbewußt eingesetzt werden. Hysteroide Menschen wollen nicht «lügen», sie «helfen nur der Wirklichkeit etwas nach». Vor der Realität der Vergänglichkeit, des Altwerdens treten sie oft die Flucht nach vorwärts an durch überbetonte *Jugendlichkeit* in Aufmachung und Verhalten oder durch Sportlichkeit, die an *Rasse* nichts zu wünschen übrig läßt. Zwischen Lebensmitte und Klimakterium dienen *sexuelle Seitensprünge* oft dazu, das in Krise geratene Selbstwertgefühl zu stützen.

Die Partnerwahl trifft häufig einen eher stilleren Menschen, der als Gegenpol Halt gibt, aber auch offen genug ist, das reiche Repertoire der Stimmungsregister beim andern zu bewundern. Kommt es zu Konflikten, mobilisieren hysteroide Menschen eine ganz eigene *Privatlogik:* sie übersehen einfach die Konsequenzen ihres Handelns, sind Meister im Umdeuten ihrer Motive, in der Projektion eigener Schuldgefühle, so daß die anderen als die Alleinschuldigen dastehen. Gelingen die aktiven Absicherungstechniken nicht, bietet sich der Weg in die Krankheitsflucht an.

Vor welcher Realität muß sich letztlich ein hysteroider Typ schützen? Die Freudsche Libidotheorie spricht von einer *ödipalen Fixierung* an den gegengeschlechtlichen Elternteil. So möchte der Sohn die Mutter ganz für sich besitzen, während er den Vater und seine eigene Geschlechtsrolle ablehnt. Hysteroide Entwicklungen finden noch mehr bei Frauen statt: Die Ablösung vom positiv oder negativ erlebten Vater wird nicht vollzogen; die weibliche Geschlechtsrolle erscheint als minderwertig. Das sexuelle Minderwertigkeitsgefühl stellt seine unersättlichen Ansprüche: Der «Wunscherfüllungstyp» sucht sich in unbewußtem Konkurrenzverhalten dem Mann gegenüber als Konkurrentin in Macht und Geltung zu behaupten: der «Rachetyp» möchte, aus der Ohnmacht der festgelegten Geschlechtlichkeit heraus, den Mann als Mann zerstören, wie Turandot die Köpfe der abgewiesenen Freier als Zeichen der eigenen sexuellen Potenz aufstellen ließ. – Von großer Bedeutung ist auch das gleichgeschlechtliche Elternbild: Stellt es im Erleben des Kindes Werte dar, die zur Identifikation einladen, oder verstärkt es noch die Fixierung an den andern Elternteil? Wie wirken die Eltern als Paar auf das geschlechtliche Verständnis des Kindes? Wie real oder illusionär war das Weltbild, auf das sie es durch ihr Leben hinwiesen?

Die mitreißende Spontaneität, der Einfallsreichtum hysterisch strukturierter Menschen stellt für die Umwelt ein Reservoir an Lebendigkeit dar, umso aufbauender, je mehr der Lernprozeß zur Echtheit und innern Wahrhaftigkeit in Gang kommt.

Ende der 4 Typen

– Nebst den vier klassischen Neurosentypen wären noch andere pathologische Entwicklungen auf ihre innere Motivation zu befragen; wir erwähnen in Kürze nur noch zwei Krankheitstypen. Der *Hypochonder* sucht seine unrealistische Angst vor Krankheit durch *extreme Be-*

obachtung seiner Körpervorgänge in Schach zu halten. Kein Arzt kann ihn davon überzeugen, daß er keinen Grund zur Besorgnis hätte. Hypochondrische Ängste sind oft ein *Abschirmungsversuch* gegenüber *aufgestauten aggressiven oder sexuellen Phantasien*, die als *schuldhaft erlebt* wurden. Die eingebildete Krankheit erscheint dann wie eine gerechte Strafe; folglich muß sie vorhanden sein. Nach Krankheit oder Tod nahestehender Menschen, zu denen man ein *ambivalentes Verhältnis* hatte, kann eine hypochondrische Entwicklung als *Selbstbestrafung* eintreten. Die abgespaltenen Haßgefühle oder Todeswünsche wurden zum selbstzerstörerischen Potential. – Harmloser sind vorübergehende hypochondrische Phantasien, die sich bei Medizinstudenten und Krankenschwestern oder bei Angehörigen eines Patienten einstellen; hier verläuft ein Identifikationsprozeß, eine vorübergehende Suggestion, der besonders sensible Menschen zum Opfer fallen.

Phobien decken tiefer liegende Ängste zu. Aus Angst vor der Angst, die man verdrängt hat, deren tiefste Ursache man nicht oder nicht mehr kennt, wird ein äußeres Objekt zur scheinbaren Angstquelle gemacht. Durch diese *Verschiebung* scheint eine gewisse *Entlastung gegenüber einer unerträglicheren Angst* stattgefunden zu haben. Am bekanntesten sind die Raumphobien: Dunkelangst, Angst vor weiten (Agoraphobie) oder engen Räumen (Claustrophobie), Höhenangst, Straßenangst, Kellerangst. Existentielle Ängste, Angst vor Sinnlosigkeit, verdrängte Schuldgefühle, sexuelle Phantasien, die man als

unerlaubt ablehnt, und, wie man besonders früher annahm, auch traumatische Erinnerungen, die zu sehr belasteten, werden als wirkliche Angstursache vermutet. Gelingt es in der analytischen Arbeit, die Ursache aufzudecken, verschwindet auch das phobische Symptom. – Tierphobien (Hunde, Pferde, Katzen wie Mäuse, Spinnen) werden meist mit Sexualproblemen in Zusammenhang gebracht.

Lerntheoretisch orientierte Psychologen erklären viele Phobien als *Fehlkonditionierungen:* Ein ursprünglich neutrales Objekt wurde zum Angstträger gemacht, weil gleichzeitig ein erschreckendes Erlebnis sich damit verbunden hatte. So kann ein Kind Angst vor weißen Ratten lernen, wenn man es beim harmlosen Spiel mit diesen Tieren durch laute Geräusche erschreckt. Dies zeigt der bekannte Versuch Watsons mit dem kleinen Albert. Die Befreiung von phobischen Ängsten wird in der Verhaltenstherapie durch *Desensibilisierung* erstrebt: Schrittweise wird das angstmachende Objekt in ein neutrales zurückverwandelt. Statt einen angstmachenden Ort oder sonst ein Objekt zu vermeiden, setzt man sich ihm bewußt aus. Durch Vermeiden wird die phobische Angst nur vergrößert: So fürchtete sich schließlich der kleine Albert vor allen Pelztieren, vor Fellen am Boden bis zu Menschen in Pelzmänteln.

Durch tapfere Konfrontation in kleinen Schritten ist oft eine *Lösung* des Angstgefühls möglich. So überwand Goethe seine Höhenphobie: er setzte sich in zunehmend längerer Zeitdauer auf dem Turm des Straßburger Münsters dem Blick in die Tiefe aus, bis er keine Angst mehr spürte. Nicht jeder wagt sich so unmittelbar den Angstdrachen zu stellen. Mit Hilfe eines verständnisvollen Menschen wäre aber manchem ein bewußter Abbau unnötiger Ängste möglich.

Pathologische Ängste sind ein Stück weit tragisches Schicksal, das uns Verständnis und Hilfsbereitschaft abverlangt. Durch die Suche nach Selbsterkenntnis und die ehrliche Begegnung mit den Mitmenschen lernen wir auch mißlingende Sicherungsversuche verstehen als Zeichen oft unbewußter Not. Warum muß ich mich oder warum muß sie oder er sich so absichern, wäre dann unsere Frage. – Wir endeten auf diese Weise nicht in einer überheblichen Verurteilung, die keinem von uns zusteht.

8. Sicherheit empfangen –
Sicherheit geben

Im Spiel der Phantasie erleben wir *Sicherheit in verschiedenen Bildern*. Welches Bild drängt sich bei Ihnen vor? Vielleicht schließen Sie einen Moment die Augen... Was taucht jetzt auf? – Vielleicht ein gewaltiger Berg, unverrückbar und stark? Eine geheime Höhle, zu der nur Eingeweihte den Zugang kennen? Eine Insel, auf die man sich retten könnte? Oder ein gemütliches Haus, vielleicht sogar eine Burg mit einer schützenden Ringmauer? – Spüren wir aber auch die Kehrseite dieser Bilder? Die Burg könnte auch zur Festung, zum Gefängnis werden, das einen einkerkert, das gemütliche Haus zur langweilig gewordenen Idylle. Zu viel Sicherheit, die stets mit den gleichen Mitteln sich darstellt, scheint uns nicht zu bekommen. Sicherheit fordert uns ein Stück Freiheit ab. Je mehr Sicherheit, desto größer unser Freiheitsverlust! Wer Sicherheit durch allzu schützende Nähe sucht, bezahlt einen recht hohen Preis.
Im Bild des Berges, der geheimen Höhle, der Insel kommt statt des passiven Geschütztseins ein eher autistisches Sich-selber-Schützen zum Ausdruck. Dort, in der Distanz, kann man sich gesichert fühlen – wie weit aber erträgt man die Einsamkeit? Wird sie zum kreativen Ort, oder degeneriert sie zur Verlorenheit, zur Leere?

Das Spiel der Bilder zeigt, daß nicht jeder sein Sicherungsbedürfnis auf gleiche Weise zu befriedigen versucht: der *Anlehnungstyp* wartet mehr das passive Geschütztwerden ab, sucht bergende Nähe, während der primär *selbstbestimmte Typ* von der Umwelt wenig Schutz erhofft, er versucht sich selbst zu sichern.

Sicherheit ist stets *nur ein Durchgangsstadium.* Das lebendige Leben bringt immer wieder Veränderungen, stellt Bisheriges in Frage, fordert Verzichte auf legitim Erworbenes und verlangt das Risiko des Neuen, noch Unerprobten.

Diese Tatsache weist uns darauf hin, daß wir in Erziehung und Selbsterziehung *vor allem* nach der *inneren Sicherheit* streben müssen, ohne äußere Sicherungsmaßnahmen zu vernachlässigen. Im Innern, in der Seelentiefe, liegt unsere Kraftquelle, nennen wir sie nun Entelechie, wie Aristoteles das Zielbild eines Lebewesens bezeichnete, oder Selbst (Jung), oder Personkern (Personalistische Psychologie). Die Energie stellt sich um so mehr in den Dienst der echten Entwicklung, je mehr der Bauplan der Persönlichkeit respektiert wird. Dies wahrzunehmen, ist oft nicht leicht. Wie rasch verwechselt man ein eigenes oberflächliches Wunschbild oder eine bloße projektive Reaktion auf eine Enttäuschung mit einem echten spontanen Impuls. – Wir meinen oft auch allzuschnell zu wissen, was uns und anderen gut bekäme. Sie müßten sich nur nach unseren Vorstellungen richten! Leider ist es eine der besten Methoden, die innere Sicherheit im Mitmenschen zu zerstören, wenn man ihn in ein fremdes Korsett zwängt. Ein jeder hat aber das Recht, ja sogar die Pflicht, auf seine Weise sich selbst zu verwirklichen.

Echte Sicherheit vermitteln, ist eine recht anspruchsvolle Aufgabe. Sie verlangt ein hohes Maß an Selbstlosigkeit und gleichzeitig eine feine Einfühlung in den andern: Was ist ihm tatsächlich zuzumuten? Was würde ihn andererseits vergewaltigen? Täuschen wir uns nicht oft im Sicherheitsbedürfnis unserer Mitmenschen, besonders der Jugend? Vielleicht sind sie schon längst über gewisse Sicherheitszäune hinausgewachsen, die wir ihnen in Überfürsorge noch setzen möchten. Jedenfalls ist Takt, Zurückhaltung und Diskretion von uns gefordert – nebst wachem Interesse, wo wir dann tatsächlich gebraucht werden.

Es kann nie darum gehen, Unsicherheit total beseitigen zu wollen, gegen jede Gefahr gleich ein Absicherungsmittelchen bereit zu haben. Es gilt vielmehr, Risiken bewältigen zu helfen, das Leben zu wagen, auch auf die Gefahr hin, daß gelegentlich etwas schiefläuft. Besser ein Leben, das Wunden einbringt, als ein gut konservierter Scheintod! Der Knecht, der sein Talent vergräbt, wird am Ende verworfen. Im Risiko zu stehen und es auszuhalten, ist offenbar uns Menschen abgefordert.

Sicherheit kann daher immer nur etwas Vorläufiges sein. Eine Art Vorbereitung auf das Wagen des eigentlichen Lebens hin. Wir werden ihr nur gerecht, wenn wir sie als Prozeß begreifen, als Durchgangsstadium, gleichsam als Boden, von dem wir abstoßen, um in die Ungewißheit des weiteren Lebens vorzustoßen.

Eine gewisse *Grundsicherheit* müssen wir jedoch erfahren

haben als Kind – und auch als Erwachsener sind wir angewiesen, gelegentlich wieder darin bestätigt zu werden. Das Verhältnis von *Sicherheit-Empfangen* und *Sicherheit-Geben* legt bei normaler Entwicklung *verschiedene Akzente beim Kind und beim Erwachsenen.*

Das *Kind* ist von seinem ganzen Status der Hilflosigkeit und Abhängigkeit her angewiesen, vom Erwachsenen her *Sicherheit zu empfangen.* In seiner Unbewußtheit ist es zunächst vollständig auf das symbiotische Angenommensein durch die Mutter hingeordnet. Es lebt und gedeiht durch sie, durch ein Du, von dem es liebevoll wahrgenommen wird. Wie dieses Du Gefühle aussendet, so wird später der emotionale Grund seines Ichs gefärbt sein, denn «das Du ist vor dem Ich» (Nietzsche). Es müßte einen erschaudern lassen, wie tiefgehend die Wirkung der mütterlichen und auch der väterlichen Gefühlseinstellung dem Kind gegenüber ist. Ein gutes Sicherheitsgefühl baut sich auf, wenn Zärtlichkeit, liebevolles Plaudern die tägliche Pflege und Begegnung begleitet. Das Kind fühlt sich *in seinem Dasein bejaht,* wenn es behutsam angefaßt und in seinen Nöten nicht allein gelassen wird.

In der spätern Kindheit spürt es auch, wie weit *sein So-Sein akzeptiert* ist: Ist es anerkannt als Mädchen oder als Junge – oder erschwert man ihm den Weg, seine geschlechtliche Identität zu finden? Die geheime oder offene Ablehnung der Eltern könnte es verführen, ihre Wunschbild-*Geschlechtsrolle* sich anzutrainieren, um so vielleicht doch von ihnen geliebt zu sein.

Akzeptiert man auch sein *Temperament,* die ruhige oder

die fast überlebhafte Art, die etwas aus dem Rahmen der übrigen Familie fällt? Wird ihm gestattet, anders zu sein als die andern, hat man sogar seine Freude daran – oder wird es verunsichert mit ständigen Nörgeleien und unnötigen Ermahnungen?

Läßt man seine Art der *Begabungen* gelten – oder gilt nur das konventionelle brave Schema, das in den Schulnoten seinen scheinbar unfehlbaren Maßstab findet? Wie viele Kinder werden als beinahe «dumm» eingestuft, oft gerade weil sie kreativ sind oder weil sie sich im Schulrahmen nicht entfalten können! Manche holen

Abb. 18

Die total verunsicherte 12jährige sieht von allen Seiten Termiten
auf sich zu kriechen, selbst über Kleid und Haare;
rundum eine abgehackte Welt (Bäume)

Abb. 19
Der 11jährige Großstadtjunge fragt sich in seiner
Hilflosigkeit und Winzigkeit vor dem Sicherheitsstreifen:
Wann wird der Dinosaurier mich packen?

später den Entwicklungsrückstand nach, andere bleiben
ein Leben lang verunsichert und trauen sich nichts zu (s.
Abb. 18 u. 19). Die Suggestion der Schulnoten und die
Reaktion der Eltern darauf hat ihnen das Rückgrat gebrochen. Sie werden zu Versagern oder zu passiven
Fluchttypen nach dem Motto: Besser gar nichts tun als
einen Fehler riskieren (s. Abb. 11 u. 12)!
Wird hingegen die Experimentierfreude eines Kindes
gefördert, darf es das echte Interesse der Eltern spüren,
entsteht in ihm die Grunderfahrung: Ich kann etwas!
Das Leben ist interessant! Ich will es erobern. Durch die
Ermunterung wird das Kind in seiner urtümlichen Lebendigkeit gefördert, es wird ihm nichts Künstliches
aufgestülpt, etwas, das bloß dem Erwachsenenschema

entspräche. Es darf es selbst bleiben und muß seine Originalität nicht einer selbstzerstörerischen Anpassung hinopfern. – Kluge Eltern gehen daher mit Lob und Tadel recht sparsam um. Sie versuchen auch nicht, das Kind bloß auf sich selbst hin zu motivieren: Bitte, tu das Mutti zulieb! Sie versuchen, soweit wie möglich die Freude an der Sache selbst zum Tragen kommen zu lassen, und wenn das Kind etwas größer ist, fördern sie sein Gespür für Selbstverantwortung.

In schwierigen Situationen nehmen sie ihm die Belastung nicht ab, räumen ihm nicht die Steine aus dem Weg. Aber sie lassen es auch nicht allein. «Du schaffst es schon!» oder «Versuch es doch!»: solche Mut-Sätze begleiten es in neue Situationen hinein – und es wird sich auch später noch als Erwachsener daran erinnern. Jedenfalls wächst die Überzeugung: Ich darf etwas riskieren, und ich will es auch.

Kleine und größere Kindernöte, tägliches Ungemach wird von den Eltern nicht zum Drama gemacht. Sie gehen wohl liebevoll darauf ein, jedoch immer auch mit dem Blick auf die Zukunft des Kindes. Sie verstehen es, *aus Ärgerlichkeiten Lernsituationen* zu machen. Fällt zum Beispiel der kleine Hans vom Stuhl und weint, weil er hart gestürzt ist, wird er jetzt nicht bloß in Mitleid und Zärtlichkeit ertränkt, so daß er sich geradezu als tragischer Fall vorkommen muß. Mitleid als Alleinreaktion ist gefährlich, weil es schwach macht, eine psychische Realität, die übrigens auch für uns Erwachsene gilt! – So rasch wie möglich suchen wir dem Kind einen Weg zu zeigen, die Wiederholung dieses Mißgeschicks zu vermeiden: Wir üben mit ihm, wie man ohne Sturz vom Stuhl herunterklettern kann. Zuerst geht es bloß zaghaft, es braucht noch unsern Halt, bald vermag es selbständig die Sache zu wagen. Es weiß jetzt, daß man aufpassen muß, wie man etwas tut. Schließlich hat es seinen Plausch daran und ist stolz darauf, es auch ohne Eltern zu schaffen.

Kinder, die so eine gesunde Selbstsicherheit aufbauen dürfen, müssen später bedeutend weniger mit Befehlen zu Pflicht und Arbeit angetrieben werden. Früh haben sie erspürt, daß mit Eigeninitiative das Leben reich und schön sein kann. Sie warten nicht passiv, bis anderen etwas einfällt.

Die Sozialerziehung verlangt, daß das Kind *auch Grenzen* kennenlernt. Auf welche Weise es nun ein Nein gegenüber seinen Ansprüchen erlebt, wird entscheidend sein für seine Grundeinstellung der Autorität gegenüber. Darf es spüren, daß echte Sorge die Eltern Schranken setzen läßt, so wird es letztlich daraus Schutz und Sicherheit gewinnen. Entdeckt es jedoch, daß es bloß Spielball der elterlichen Laune, Blitzableiter für ihre Aggressivität ist, wird es sich mißbraucht und verunsichert vorkommen. Fühlt es sich stark genug, wird es in *Protest* seine eigene Macht demonstrieren, sich an den Eltern rächen durch ein Verhalten, das sie nach außen hin blamieren muß. In verzweifeltem unbewußtem Kampf strebt es nun nach einer negativ orientierten Selbstsicherheit: Ich kann mich schon wehren gegen euch, jetzt jage ich euch Angst ein! Solche fremd- und selbstzerstörerischen Tendenzen zeigen sich oft im

Abb. 20
Baumtest: Selbstzerstörerisch wird der Baum mit Dynamit
in die Luft gesprengt

Abb. 21
Baumtest: Selbst-
und fremdzerstörerisch wird der eigene
Baum von einem 10jährigen total zerhackt

Baumtest (vgl. U. Avé-Lallemant, Baumtests, Walter-Verlag) von Kindern, die mit Drohungen und Schlägen dressiert worden sind. So wird zum Beispiel der Baum mit Dynamit in die Luft gesprengt oder zerhackt (s. Abb. 20 u. 21).

Vital schwächere Kinder werden durch eine harte, brutale Erziehung in ihren Antrieben zurückgebunden, *erdrückt*; nach außen hin wirken sie apathisch, nichts vermag sie mehr zu begeistern. Sie haben gelernt, die negativen Gefühle zu verdrängen, und haben dadurch auch

Abb. 22
Baumtest: Quer durchgeschnittener Strunk, in dem ein
paar dürftige Zweiglein stecken – blockierte Vitalität

den Zugang zu den positiven verloren. Ihr Baumtest
zeigt oft einen quer durchgeschnittenen Strunk, in dem
ein paar dürftige Zweiglein stecken; oft wirkt der ganze
Baum wie ausgedörrt und alt (s. Abb. 22 u. 23).
Verwahrloste Kinder, die nie ein verläßliches Du erleben durften, bald dahin, bald dorthin abgeschoben
wurden, großenteils auf der Straße aufwuchsen, weil sie
lieber dem zerstörerischen Milieu des Elternhauses ent-
flohen, fallen auf durch ihre Distanzlosigkeit; sie hängen

sich ohne Zögern wahllos an jedermann und gehen ebenso rasch auch wieder weg. Sie sind nicht nur schwer beziehungsgestört, sie haben auch Mühe, Verständnis für Zeit und Ordnung im Raum zu entwickeln. Ihre Antriebe entladen sich ungebremst, weil sie im echolosen Raum der frühen Kindheit kaum je eine Grenze erfahren haben. Ihre Freiheit war Verlorenheit und Verlassensein. Auch bei ihnen zeigt der Baumtest typische Tendenzen: wirre Wachstumsrichtungen, kein Boden unter den Füßen, oft eine so große Selbstentfremdung, daß der Baumstamm mit dem Lineal gezeichnet wird

Abb. 23
Baumtest: Ausgedörrter Baum einer 8jährigen

und die Krone fehlt (s. Abb. 24 u. 25). Kinder und Jugendliche, die Schutz und Bestätigung durch echte Autorität erfahren durften, zeichnen ihren Baum häufig auf einen fröhlich-grünen Boden, wenn nicht sogar in eine Landschaft hinein.

Während das kleine Kind durch Zärtlichkeit erlebt, daß es den Eltern wichtig ist, erfährt das Schulkind, der Jugendliche, Sicherheit vor allem durch ein offenes *Gespräch*. Gemeinsam getroffene *Abmachungen* fördern den

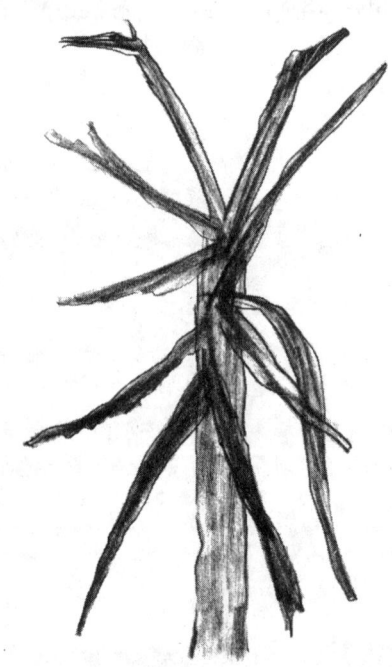

Abb. 24
Baumtest: Verwahrlosung.
Wirre Wachstumsrichtung der Äste (11jähriger)

Abb. 25
Baumtest: Selbstentfremdung.
Ein künstlicher Strunk ist übriggeblieben, distanziert
mit Lineal gezeichnet (8jähriger)

gegenseitigen Respekt, *Versprechen* haben nicht den Charakter einer vorläufigen Ausrede, sie werden durchgehalten. Diese Sicherheit in der gegenseitigen Beziehung fördert auch eine ausdauernde Leistung.

So baut sich auf der Basis des Gemütes ein gesundes Selbstgefühl auf, mit zunehmendem Alter wird es erweitert zu einem Selbstbewußtsein, einer Selbstsicherheit, die lebensfähig macht. Wer innere Sicherheit geschenkt erhielt, vermag sich auch sozial richtig einzuordnen. Er ist nicht darauf angewiesen, stets recht haben zu müssen, zu dominieren noch servil sich unterzuordnen.

Das Kind ist nicht nur Sicherheits-Empfänger, *es weckt auch Sicherheit* im Erwachsenen. Gerade durch seine *Schwäche* lockt es die Stärke des Vaters, der Mutter und anderer Erwachsener heraus. Die Ohnmacht hat eine ganz besondere Macht: sie wirkt aktivierend, wird zum Antrieb für ein Engagement, das mancher sich früher kaum zugetraut hätte. Die Verantwortung weckt neue Lebenskräfte, schenkt Lebenssinn. Jedes Kind wirkt kreativ auf seine Umwelt, vorausgesetzt, daß die Liebe in ihr nicht total erstorben ist. Kinder fordern auch heraus durch die unverblümte Art ihrer Fragen. Ohne es zu wollen, *testen* sie unnachgiebig unsere *wahre Haltung;* sie konfrontieren uns auch mit unseren verborgenen Absichten. Kindliche Naivität scheint oft von einer höhern Weisheit gesteuert zu sein.

Kinder *bringen* durch ihr Dasein auch *neue Strukturen* in eine Ehe hinein. Die Rolle von Vater und Mutter vermag aus unreifer Ichbezogenheit zu befreien und weitet auch die Persönlichkeit fremder Menschen aus, die sich interessiert auf Kinder einlassen.

Kinder sind mit zunehmendem Alter imstande, nicht nur durch ihr aktivierendes Dasein Sicherheit zu geben, sie sind auch fähig zu *Eigenleistungen,* die der ganzen Familie wohltun können. Anfänglich braucht es von seiten der Eltern fast etwas Mut, dem kindlichen Helferwillen ein Feld zu verschaffen. Was ist aber mehr wert: eine Tasse, die vielleicht zerbrechen könnte – oder das Selbstwertgefühl des Kindes, das sich in der Dienstleistung für die Gemeinschaft bestätigen darf?

Für die Ehe der Eltern spielen die Kinder, ohne selbst dessen inne zu werden, die Rolle des *Sicherheitsgaranten,* des Bindegliedes, das auch in Krisensituationen noch standhält und wieder vereint. «Gib Mami auch einen Kuß!» bittet der 3jährige Sohn beim Gute-Nacht-Sagen den Vater. In feiner Intuition hat der Kleine gespürt, daß zwischen Vater und Mutter eine ungute Spannung vorhanden ist. – Vermittlerfunktion übernehmen Kinder oft auch im Geschwisterkreis, im Rahmen der Schulklasse, der Jugendgruppe, unter Spielkameraden. Manche werden von ihren Kameraden geradezu in die Rolle eines Schiedsrichters gedrängt, weil man ihnen Gerechtigkeitssinn und Tapferkeit zutraut.

Erst in der zerrütteten Ehe gerät ein Kind in den egoistischen Sog eines Elternteils, der sich absichern will dadurch, daß er das Kind vorerst als Bündnispartner gewinnt, es dann leider aber oft als Zuträger und Schuldankläger benutzt. Eine Sicherungstendenz, die menschlich verständlich ist, dem Kind jedoch kaum wohl bekommt.

Beim *gesund entwickelten Erwachsenen* dürfte der Hauptakzent seiner Sicherheitserfahrung auf dem *Sicherheit-Geben* liegen. Nur Infantile bleiben fixiert auf eine passive Erwartungshaltung. Der Er-wachsene, der Heraus-Gewachsene weiß, daß Sicherheit ihm nicht nachgeworfen wird, daß er selbst etwas dafür tun muß. «Jeder ist sein eigener Chairman», sein eigener Steuermann, wie Ruth Cohn diesen Grundsatz im System der TZI formuliert hat (Von der Psychoanalyse zur themenzentrierten Interaktion, Stuttgart, 1971). Jeder hat selbst die Verantwortung zu übernehmen, was er hier und jetzt tut oder fallen läßt. Keiner ist allmächtig, jeder muß mit seinen Grenzen rechnen; keiner aber ist ganz ohne Macht, er muß sie nur gebrauchen (s. Abb. 26–29).

Garant für die eigene Sicherheit und für die der Mitmenschen zu sein, ist Aufgabe eines jeden, um so mehr,

Abb. 26
Für das Angsttier wird ein Käfig bereitgestellt: Ich werde auch
schwierige Situationen bewältigen (11jähriger)

je größer die Verantwortung ist, die er in seinem Leben
zu tragen hat.
Es gilt, nicht nur zu schützen, was jetzt als Wert geschätzt wird, wir müssen auch bereit sein zu Veränderungen, also auch zum Fallenlassen bisheriger Sicherheiten, wenn neue Situationen, neue Strukturen dies erfor-
dern, sei dies in Familie oder Beruf, in Staat und Gesellschaft.

*Welcher Art ist die Sicherheit, die andere legitimerweise von
uns erwarten dürfen?*
Ich meine, daß die Mitmenschen das Anrecht haben,
unsern zentralen *Standpunkt* zu kennen. Damit sind
nicht angelernte Prinzipien gemeint, eine bloß adressier-
te Moral – nein, es geht um unsere tiefsten Überzeu-
gungen, dank deren wir auch vor uns selbst nur bestehen können: Was ist Wert Nr. 1 für mich? Wovon lasse

ich mir durch nichts und durch niemanden etwas abmarkten? Was betrachte ich als unabdingbar wichtig? «Gebt mir einen festen Punkt – und ich will die Welt aus den Angeln heben», dieser Archimedes-Satz hat gerade in unserer Umbruchzeit seine besondere Bedeutung. Erleben nicht viele junge Menschen heute, daß eine schwächliche Erwachsenengeneration sich billig anzubiedern versucht, sämtliche Standpunkte rasch preisgibt, um etwas Popularität zu erhaschen? Wird nicht Pluralismus oft verwechselt mit Indifferentismus? Daß es zur selben Frage viele Standpunkte geben kann, wird jeder anerkennen, der etwas kritisch die Welt betrachtet; wer aber auf jeden Standpunkt verzichtet, erzeugt ein Wertchaos, nimmt sich selbst und den Mit-

Abb. 27
Der Angstdrache verliert seine Macht: Ich kann
mich sogar von ihm tragen lassen – aber ich muß wissen,
was ich fürchte (junger Erwachsener)

Abb. 28

Der Angstpanther kann von mir, dem kleinen Insekt, irritiert
werden; ich kämpfe auf meine Weise (60jährige Frau)

menschen jede Sicherheit. Statt haltgebender Strukturen
findet man nur noch eine Puddingwelt vor. Leichter
werden uns gewisse Einseitigkeiten verziehen als die
enttäuschende Erfahrung, nicht zu wissen, wo wir eigentlich stehen.

Nicht nur unser Ausgangspunkt, auch der *Zielpunkt* unseres Handelns sollte uns selbst klar und den Mitmenschen ein Stück weit einsichtig sein. Launenhaftes Hin-
und Herschwanken, infantiles Pröbeln auch bei ernsten
Dingen verunsichert.

Sicherheit entsteht hingegen, wenn klare und unzwei-
deutige Wünsche geäußert oder notwendige Forderungen offen gestellt werden. Häufig entstehen Konflikte,
weil die leitende Person nicht eindeutige Weisungen er-

läßt. Allzu großzügig wird zuerst etwas gestattet und fast gleichzeitig wieder zur Hälfte zurückgenommen. Solche «Doppelbotschaften» verunsichern Mitarbeiter und Untergebene, untergraben das Vertrauen und schaffen Aggression. Ein Ja muß ein Ja sein – und ein Nein ein Nein bleiben. Klare Grenzziehungen erscheinen anfänglich oft als hart, erweisen sich aber auf die Dauer meist als wohltuend. Allzu großzügige Angebote und Versprechungen entpuppen sich oft als gefährlich, weil man in der Begeisterung die Schwierigkeiten zu wenig in Rechnung stellte.

Abb. 29
Mit Überlegung und Humor meinerseits wird auch
ein Igel freundlich (junge Erwachsene)

Eine gute Gesamtplanung mit klarer Kompetenzverteilung schafft Sicherheit für eine ganze Arbeitsgruppe. Kluge Vorgesetzte lassen aktiv-kreativ mitgestalten, nehmen neue Vorschläge auf oder hören sie sich mindestens an; sie verwerfen sie nicht von vornherein als Illusionen. Vielleicht ist doch auch ein Körnchen Wahrheit in dem, was ein noch unerfahrener Mitarbeiter vorbringt.

Was die Zuverlässigkeit des einzelnen, bedeutet die *Transparenz* der Zusammenarbeit für das Ganze an Sicherheit. *Informationen* auf dem geraden Weg lassen manche Konflikte gar nicht aufkommen; der Hintertreppenweg der fehlerhaften Kommunikation bis hin zur Intrige findet so wenig Spielraum.

Im Verhältnis Autorität – Untergebener sind verschiedene Spielregeln zu beachten. Auf zwei Gefahren sei hier besonders hingewiesen: zu viel Distanz – oder zu viel Nähe.

In zu großer *Distanz* wirkt die Autoritätsperson unheimlich; die Untergebenen kommen sich als neutralisierte Arbeitskräfte vor, als Nummern, die je nach Nützlichkeitsstandpunkt wie Roboter zu funktionieren haben. Zu viel *Nähe* und Überfürsorglichkeit versetzt Mitarbeiter und Untergebene in eine Art Babyrolle; so wird jedes unwesentliche Detail vorgeschrieben, ein aktives Mitdenken scheint keineswegs gefragt zu sein. Wer sich aber nicht ernstgenommen fühlt als denkender Mensch, lernt das Denken einzustellen – oder er verläßt seinen Arbeitsplatz, sofern seine Situation es ihm erlaubt.

Die Haltung der *Diskretion* ist ein wichtiger Faktor für die Sicherheit in unseren Beziehungen. Schweigenkönnen und Anvertrautes nie als Waffe gebrauchen entspricht echter Vornehmheit. Die meisten Menschen dürfen die positive Erfahrung machen: Je mehr ihnen Sicherheit und Schutz des Mitmenschen ein Anliegen ist, desto mehr spüren sie ein leises Wachsen der eigenen innern Sicherheit.

Sicherheit wird auch von außen *empfangen* durch *tragende Beziehungen.* Oft bedarf es nicht einmal einer konkreten Hilfeleistung, es genügt schon das Wissen: Hier sind Menschen, denen mein Leben nicht gleichgültig ist, die mir die Treue halten in guten und in bösen Tagen. Sie bedürfen nicht vieler Worte, weil ihre Liebe selbstverständlich geworden ist: Familienangehörige, Freunde, gute Kollegen und Bekannte.

Sie wagen es, uns ehrlich *Rückmeldung* zu geben, wie unser Verhalten auf sie wirkt, worin sie Änderungen wünschten, damit sich unsere Beziehung verbessern und vertiefen kann. So wissen wir gegenseitig, woran wir sind. Ja, so wachsen wir auch aneinander. Wir kennen ja nur einen Teil unserer Person (s. Abb. 30): Das offene Selbst ist uns und den anderen bekannt. Das maskierte Selbst suchen wir vor den anderen zu verbergen, meist aus Hemmung und Angst, oft auch aus Klugheit. Ein anderer Teil unserer Person wird nur von den anderen wahrgenommen, es ist unser blindes Selbst, der «blinde Fleck», wo wir uns gegenüber naiv und unkritisch sind. So übersieht jeder eigene Fehler – aber auch gute charmante Seiten seiner Person. In einer lebendigen Beziehung stößt man gemeinsam in das noch unerforschte Selbst vor. Überstandene Konfliktsituationen lassen uns

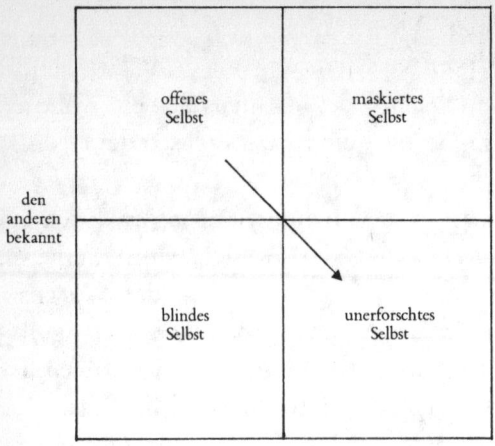

nur mir bekannt

offenes
Selbst

maskiertes
Selbst

den
anderen
bekannt

blindes
Selbst

unerforschtes
Selbst

Abb. 30
Selbstaspekte in Anlehnung an das Johari-Fenster

dies erfahren: Nach einer echten Auseinandersetzung
fühlen wir uns gegenseitig näher, die Aggressionen haben sich entladen, wir spüren, daß die Wahrheit frei
und damit auch sicher macht. Wir nehmen den andern
wieder auf eine neue Weise wahr.

Wir sind auch im Leistungsbereich auf ehrliche *Kritik*
angewiesen, wenn wir nicht stehen bleiben wollen. Erfolge melden uns auch Fernerstehende. Mißerfolge oder
Anzeichen dafür, darauf wagen uns nur wirkliche
Freunde aufmerksam zu machen.

Sicherheit geben und Sicherheit empfangen – beides
fließt ineinander über wie ein lebendiger Kreislauf: Wer
gibt, empfängt auch.

Etwas wie ein Ausblick

Wir haben Angst und Sicherheit als gegensätzliche seelische Erlebnisweisen betrachtet.

Ängste überfallen uns, wir erleiden sie zunächst passiv. Die einen treiben uns an, vorsichtiger und umsichtiger zu reagieren, sie wecken uns auf aus Stumpfheit oder Leichtsinn. Andere Ängste werden wir nie ganz los. Wir müssen sie akzeptieren als Signale unserer Begrenztheit und Verletzlichkeit.

Sicherheit ist meistens das Ergebnis fremder oder eigener Anstrengung, sie fällt uns nicht von selbst in den Schoß. Recht bald spüren wir auch wieder ihre Brüchigkeit, weil das Leben unterdessen vorwärts geschritten ist. Neue Fragen stellen sich, bisherige Sicherungen haben sich überlebt, sie interessieren kaum mehr, höchstens noch als Erinnerung.

Im Pendelschlag der Zeit erfahren wir bald mehr das eine oder das andere: *Angst und Sicherheit* sind *bloße Durchgangsstadien.* Sie haben etwas Vorläufiges an sich. So deuten sie auf ein Kommendes hin, auf einen Zustand, in dem der Friede einmal Dauerzustand sein wird. «In dieser Welt habt ihr Angst, aber seid getrost, ich habe die Welt überwunden» (Joh 16,33). Damit sind wir verwiesen auf eine Hoffnung, auch in der Zeit der Not und Bedrängnis. Es wird uns kein utopisches

Lebenskonzept offeriert, keine Idylle; jetzt ist noch nicht die Zeit des Ausruhens, der eindeutigen Harmonie.

Jetzt geht es darum, die Widersprüchlichkeit und Zwiespältigkeit des Lebens auszuhalten. Diese Spannung erleben wir oft als Last. Wir möchten – und glauben es nicht zu können, wir sollten – aber wir drücken uns um die Entscheidung. Wir schämen uns ob vieler großer und kleiner Feigheiten.

Sicherheit möchten wir gerne für uns pachten, ja als Besitz beanspruchen. Wir haben vor allem Angst, uns fallen zu lassen ins Ungewisse hinein. Die Tiefe und Höhe des Lebens erfahren wir aber dann am meisten, wenn wir die üblichen Sicherungen daran geben mußten oder wenn sie uns entzogen wurden. Dann wird uns eine höhere Dimension geschenkt, wie dies der folgende Traum erzählt:

«Ich werde von gewaltigen Wellen vom Berg ins Tal gespült. Es ist der Weltenstrom, auf dem ich, auf dem Rücken liegend, mitgetragen werde. Da und dort kämpfen Menschen mit den Wellen, auch Tote werden herabgeschwemmt. Überreste von Häusern, Fabrikschloten, Bäume und Tiere treiben im Wasser mit. Es muß eine Katastrophe stattgefunden haben.

Seltsam, jetzt bemerke ich ein kleines Kästchen in meiner linken Hand; in seinem Innern leuchtet ein wundersames Licht. Jemand hat mir den Auftrag gegeben, es zu retten. So halte ich es über Wasser und erlebe, daß ich keineswegs müde werde. Indessen haben sich Strohhalme und Baumblätter wie zu einer kleinen Insel unter dem Kästchen eingefunden. Die schwimmende Insel wird immer größer, auch andere Menschen finden daran Halt.

Jetzt wird mir klar: Das, was ich zu tragen glaubte, trägt mich. Es ist das Unzerstörbare in uns allen.»

Was dieses Unzerstörbare, diese innerste Wirklichkeit für den einzelnen bedeutet, hängt ab von seiner Weltanschauung, den Lebensschicksalen und der Art, wie man sie bis jetzt zu bewältigen versuchte. Eine Ursehnsucht finden wir bei allen Menschen. Ein jeder sucht, oft auch nur unbewußt, nach einem Sinn, nach einem letzten Ziel. Das Vertrauen, daß es letztlich nichts Sinnloses im Leben gibt, läßt Ängste aushalten und überwinden.

Der Humanist weiß um die Gesetzmäßigkeit des Kosmos, und er erahnt sie im Widerschein der eigenen Seele. Der Christ darf im Glauben an einen personalen Gott, der uns in Christus menschlich nahe gekommen ist, die Verheißung des Alten Testamentes mit sich tragen.

«Fürchte dich nicht, denn ich erlöse dich.
Ich rufe dich bei deinem Namen, mein bist du.
Gehst du durch Wasser, ich bin bei dir.
Gehst du durch Feuer, du wirst nicht verbrennen.»
«Ich habe dich in meine Hand geschrieben.»
«Selbst wenn eine Mutter ihr Kind vergäße, ich vergesse dich nicht.»

Sicherheit ist nicht das Letzte, Angstfreiheit nicht das Höchste. Nein, es ist das Trauen auf den Höchsten, das Hoffen wider alle Hoffnung.

Niemand weiß so gut umzugehen mit Angst und Sicherheit wie der Narr. Weil er diese Welt nicht für das Endgültige hält, wagt er auch vor Trümmern Humor zu verschenken. Er riskiert sich, selbst bis an die Grenzen der Lächerlichkeit; weder vor Gott noch vor den Menschen muß er sich ängstlich absichern. Er spielt seinen Part in der «Göttlichen Komödie» des eigenen Lebens, um nach dem Gang durch Hölle und Fegfeuer im Paradies zu enden. Dort hört er den Chor der Engel Gott preisen und (so Dante): «es schien mir das Lachen des Universums zu sein.»

Stimmen wir mit ein, wagen wir ein gesundes Stück Narrheit – oder quälen wir uns auch unnötig ab, weil wir nicht darauf verzichten wollen, uns selbst und die Welt allzu wichtig zu nehmen?

Gisela Eberlein
Gesund durch Autogenes Training
130 Seiten, zahlreiche Abbildungen, broschiert

Alltagsstreß, nervöse Störungen an Herz, Kreislauf, Magen und Darm können durch autogenes Training behoben werden. Auch bei Schlafstörungen, depressiven Verstimmungen und Angstzuständen hilft autogenes Training. Die Bestseller-Autorin zeigt mit eindrucksvollen Beispielen aus ihrer Praxis, welche Erfolge sie mit autogenem Training erzielte, und sie gibt konkrete Anleitungen, wie das autogene Training von jedem angewandt werden kann. Dies ist ein Ratgeber für alle, die sich geistig und körperlich fit halten möchten.

★

Gisela Eberlein
Autogenes Training mit Kindern
112 Seiten, broschiert

Viele Kinder sind nervös, aufgeregt, sie schlafen schlecht, sind kontaktarm, inaktiv, unkonzentriert und ängstlich. Durch autogenes Training können diese Störungen behoben werden, denn autogenes Training bringt Spannung und Entspannung, fördert Aktivität und Kreativität und hilft Kindern, selbstsicher, mutig und frei zu werden. Unter Anwendung von Märchen können Kinder autogenes Training leicht erlernen und durchführen. Protokolle aus der Praxis der Autorin vermitteln Erfahrungen und Anregungen für Eltern und Kinder.

ECON Taschenbuch Verlag
Postfach 30 03 21 · 4000 Düsseldorf 30

Ulrich Beer
Das Partnerbuch
Hilfen für Krisen und Konflikte
224 Seiten, broschiert

Ehen werden geschlossen − auch heute. Es ist Mode
geworden, schlecht über sie zu reden, aber es ist nicht
aus der Mode gekommen, sie zu führen − trotz aller
Probleme und Zerwürfnisse. Ulrich Beer zeigt die Möglichkeiten und Methoden auf, Spannungen und
Konflikte auszuhalten und zu überwinden, und belegt
seine Vorschläge mit zahlreichen Beispielen aus seiner
psychologischen Praxis.

★

Ulrich Beer
Rezepte gegen die Lebensangst
Antworten auf 100 sehr persönliche Fragen
128 Seiten, broschiert

Dieses Buch enthält 111 Briefe überwiegend junger
Menschen von heute mit Hilferufen aus Zuständen der
Angst und Unsicherheit, der Hemmungen und Zwänge,
des Mangels an Selbstvertrauen, der Depression und
Kontaktschwäche an den Psychologen Ulrich Beer sowie
dessen Antworten. Sie sind eine typische Auswahl von
etwa 25 000 Zuschriften, die innerhalb von 15 Jahren
von dem Autor in verschiedenen Zeitschriften und Zei-
tungen beantwortet wurden.

ECON Taschenbuch Verlag
Postfach 30 03 21 · 4000 Düsseldorf 30

Deidre Sanders
Frauen und Depressionen
Ursachen und Möglichkeiten zur Selbsthilfe

160 Seiten, broschiert

Dieses Buch will Ihnen und Ihrer Familie helfen zu
verstehen, wodurch Ihre Depression entstanden ist und
wie man sie überwinden kann. Es beschreibt die wichtigsten Ursachen der Depression, wie prämenstruelles
Syndrom, eine zerbrochene Ehe, die Geburt eines Kindes, Wechseljahre, Einsamkeit und vieles andere. Es
sagt aber auch, auf welche Symptome man achten muß,
was getan werden kann und – am wichtigsten – wie Sie
sich selbst helfen können.

★

Helmut Dittrich
Vom Umgang mit der Trauer
Kraft schöpfen und den Schmerz überwinden

128 Seiten, broschiert

Der Verlust eines geliebten Menschen gehört zu den
einschneidendsten und am schwersten zu bewältigen-
den Erfahrungen. Trauer und Schmerzen sind die
Folgen. Trauer birgt aber auch eine heilende Kraft und
die Chance zu einem Neubeginn, wenn sie vom Betroffenen angenommen wird. Dieses Buch bietet Hilfen für
die Bewältigung der eigenen Trauer, aber auch Rat für
jeden, wie einem Trauernden beizustehen ist.

ECON Taschenbuch Verlag
Postfach 30 03 21 · 4000 Düsseldorf 30

Margrit Himmel-Lehnhoff
Durch Krankheit zum Selbst
Wege zu einem neuen Leben
Erfahrungen und Berichte
mit einem Vorwort von Dr. Walther H. Lechler

144 Seiten, broschiert

Immer häufiger müssen Menschen erkennen, daß sie durch unbewältigte Probleme körperlich oder seelisch erkranken und Hilfe brauchen. In diesem Buch schildern Betroffene, wodurch es in ihrem Leben zu einer Wende kam und wie sie durch eine Therapie gelernt haben, mit ihrer Krankheit umzugehen und ihr Leben neu zu gestalten. So unterschiedlich auch die Krankheiten sind, der erste und wichtigste Schritt für alle Betroffenen war: sich selbst lieben lernen.

Anton Stangl
Pendeln
Grundlegung, Persönlichkeit, Gesundheit, Lebensalltag,
Geopathie. Mit 33 bewährten Pendeltafeln

272 Seiten, broschiert

Pendeln ist keine Geheimwissenschaft. Jeder Mensch kann es erlernen. Was man mit Hilfe des Pendels über sich und andere Menschen erfahren kann und welche innere Einstellung dazu notwendig ist, wird hier beschrieben. Der erfolgreiche Sachbuchautor Anton Stangl zeigt, wie der Leser mit 33 bewährten Pendeltafeln z. B. Spannungszustand und Kerneigenschaften des Menschen, die Entwicklung seiner Chakren, gesundheitliche Störungen, geopathische Gefährdung und vieles mehr herausfinden kann.

ECON Taschenbuch Verlag
Postfach 30 03 21 · 4000 Düsseldorf 30

Anton Stangl
Die vergessene Welt der Gefühle
168 Seiten, broschiert

In diesem Buch wendet sich der bekannte Sachbuchautor Dr. Anton Stangl gegen den Feind im Kopf, gegen die einseitige Überschätzung des Intellekts und seiner ständigen Vergewaltigung der menschlichen Gefühls- und Erlebnisschichten. Der Mensch wird in erster Linie von seinen Erlebnissen und Gefühlen geleitet, er ist ein beseeltes Wesen. Deshalb handelt dieses Buch primär von der Seele, von der vergessenen Welt der Gefühle in ihrem Reichtum und ihrer Vielfältigkeit.

★

Marie-Luise Stangl
Wege in die Stille
− Haikus −
128 Seiten, zahlreiche Zeichnungen, broschiert

Das japanische Haiku ist eine kurze Gedichtform; ein Haiku umfaßt drei Zeilen und ist streng gegliedert. In dieser Dichte soll etwas Wesentliches über Natur und Mensch ausgesagt werden. Haikus sind Meditationen. Zumeist gibt es nur Übersetzungen japanischer Haikus; in dieser Originalausgabe sind zahlreiche Haikus von Marie-Luise Stangl gesammelt und mit meditativen Zeichnungen illustriert.

ECON Taschenbuch Verlag
Postfach 30 03 21 · 4000 Düsseldorf 30